ROLF HOSFELD · JIM RAKETE · RAINER WÖRTMANN

FRIEDRICHSTADTPALAST BERLIN

EUROPAS GRÖSSTES REVUE-THEATER

© 1999
Helmut Metz Verlag
Hamburg

HELMUT METZ VERLAG

BVLGARI

CONTEMPORARY ITALIAN JEWELLERS

Collier aus 18 Karat Gold mit einem großen, zentralen Cabochon-Smaragd (36 Karat),

Perlen, Smaragdperlen und Diamanten mit Baguette-Schliff.

Auf Anfrage in Bvlgari Geschäften erhältlich.

www.bulgari.it

**Tradition und
Gegenwart**
Europas
größtes Revue-
theater weckt
Erinnerungen
an die Glanz-
zeiten der
Friedrichstraße

AUFGESTANDEN AUS RUINEN

Die Friedrichstraße zwischen Bahnhof und Oranienburger Tor gleicht einem rohen Torso. Doch auf der ehemaligen Vergnügungsmeile wurde Weltgeschichte geschrieben. Was wäre Hollywood, was Daimler-Chrysler Aerospace ohne den Berliner Tingeltangel? Rolf Hosfeld flanierte durch die Straßenzüge, in denen „Mackie Messer" zum Gassenhauer wurde

**Das Tempo
dieser Zeit
ist keine
Kleinigkeit**
Der Baurausch
in Berlins
Mitte setzt die
Stadt neu
zusammen

**Kommt ein
Vogel
geflogen**
Bahnhof
Friedrichstraße,
Blicke
auf die Spree

**Lichter der
Großstadt**
Abendstimmung
an der
Weidendammer
Brücke

**Heut' gehen
wir ins Metropol**
Links Ruinen,
rechts Ruinen,
in der Mitte ein
Operettenhaus

**Romantik der
Ruine**
Die Szene lebt:
Der alternative
Kulturpalast
„Tacheles"

**Dem Bürger
fliegt vom
spitzen Kopf
der Hut**
Die Phantasie
an die Macht:
Kreatives Chaos
im „Tacheles"

**Berlin,
Deine vielen
Kuppeln**
Oranienburger
Tor: Die Synago-
ge, das „Fantasy-
Zelt" und der
Fernsehturm

**Riß im Herzen
der Metropole**
Der „Tränenpa-
last", ehemals
Grenzkontroll-
stelle zwischen
Ost und West

**Der Haifisch,
der hat Zähne**
Eine Berliner
Legende:
Brechts
„Theater am
Schiffbauer-
damm"

**An die Städte
kam ich
zur Zeit der
Unordnung**
Der Dichter
Bertolt Brecht
vor seinem
Theater

Die Muse träumt von großen Zeiten
Säule zum Gedenken an Max Reinhardt gegenüber dem „Deutschen Theater"

Relikt aus tausendjährigem Wahn
Bunkerbau in der Reinhardtstraße

Berlins schönste Theaterlandschaft
Das „Deutsche Theater" und die Kammerspiele

Als Charles Spencer Chaplin am 9. März 1931 um 17 Uhr 17 auf dem Bahnhof Friedrichstraße ankam, waren seine ersten Worte, die er in die eiskalte Berliner Luft hauchte: „Oh, it's so nice!" Freilich galt dieser Überschwang nicht der im Schneetreiben ohnehin kaum erkennbaren Stadt Berlin, sondern seinen Fans, die sich zu Tausenden auf dem Bahnsteig und vor dem Bahnhof tummelten, um den gefeierten Star des amerikanischen Kinos zu begrüßen. Der Empfang überwältigte nicht nur ihn, sondern auch einen blonden Engel aus Wilmersdorf, der gerade mit Emil Jannings an seinem ersten Welterfolg arbeitete, und der an diesem Tag dem großen Kollegen aus Hollywood entgegenfieberte: Marlene Dietrich. Vorbei an der Legende, die der Dietrich den Weg vom kleinen Sternchen zur Diva ebnete, dem „Wintergarten" des Centralhotels an der Friedrichstraße, ging es über die Linden zum Veuve Cliquot beim Empfang im „Adlon".

Wir aber stehen heute an dieser Stelle wie Touristen auf dem Forum Romanum und müssen uns die Geschichten aus großer Zeit aus dem Gedächtnis herbeiphantasieren. Das „Adlon" steht wieder, „remastered", wie man im digitalen Zeitalter sagt. Was den „Wintergarten" anbetrifft, laufen wir immer noch über ein leergeräumtes Ruinenfeld. Erich Honecker wollte einst hier mit seinen Plänen zum Neuaufbau der Friedrichstraße die Vergangenheit wiederbeleben, und die späteren Gewinner planten über Jahre ein „Quartier Wintergarten", von dem lange eine große Stellwand auf kahler Wiese kündigte, bevor sie über Nacht verschwand und ein weiteres Mal dem Ungewissen Platz machte. Dahinter ist das ehemalige Interhotel „Metropol" zum „Art-Hotel" der Maritim-Gruppe mutiert und hat sich der Reinigungsunternehmer Dussmann seinen Jugendtraum eines Kulturkaufhauses erfüllt, es ist wie in alten Gründerzeiten. Die Straße verengt sich neuerdings in der Absicht urbaner Dichte, Arkaden sind entstanden, die Stadt spielt Puzzle und setzt sich frisch zusammen. Das Ödland „Wintergarten" ist davon bisher noch nicht betroffen. Da müssen wir, um etwas zu erkennen, weiter aus dem Gedächtnis zitieren.

Der Wintergarten gehörte einst zum „leading hotel of Germany" (so jedenfalls sah sich das Centralhotel an der Friedrichstraße, bevor das „Adlon" gebaut wurde) und war ursprünglich eine glasüberdachte Ruhe- und Erholungsstätte für Hotelgäste. 2.500 Quadratmeter, durchgehend von der Dorotheen- zur Georgenstraße. Palmen gaben dem lichten Gewölbe ein fast tropisches Gepräge. Von der Decke hingen aus riesigen Ampeln Schlingpflanzen herunter. Der Boden war mit feinem

Kies belegt, und in kleinen Grotten sprangen Quellen und Wasserspiele. Über eine breite Freitreppe konnten sich die Gäste des Hotels in diesen künstlichen „Jardin de plaisanterie" begeben. 1000 Gasflammen in fünf riesigen Sonnenbrennern, 56 Ampeln und vier großen Kandelabern sorgten auch nachts für Tageshelligkeit. So war das. 1886 baute Julius Baron das Prachtgewölbe zum Varieté aus.

Hier erzählt sich unter anderem die Geschichte von der Geburt des Kinos aus dem Geist des Tingeltangel. Was Chaplin anbetrifft, ist die Sache klar. Er hatte bei Fred Karno als Varietékomiker begonnen und war in dieser Rolle unter anderem mit der Pantomime „Mumming Birds" in den „Folies Bergère" aufgetreten, bevor er das Kino und das Kino ihn entdeckte. Auch Marlene Dietrich spielte in ihrem ersten Kinoerfolg, dem „Blauen Engel", nur eine Figur aus dem Tingeltangel, die sie selbst Jahre zuvor im realen Leben gespielt hatte. Die Geschichte, die der „Wintergarten" erzählt, ist eine andere. Im „Wintergarten" entstand

Vergnügungsmeile im politischen Wandel
Der „Wintergarten" als KDF-Etablissement 1940, die Haller-Girls 1926

Männer umschwirrn mich wie Motten das Licht
Marlene Dietrich als „Blauer Engel"

das moderne Kino – als Variéténummer, als photographische Artisteneinlage.

Erfinder war der „Nebelbilderdarsteller" Max Skladanowsky. So jedenfalls läßt das kaiserliche Patentamt den Beruf des Mannes aktenkundlich werden, der zum 1. November 1895 ein Patent erhält für eine „Verrichtung zum intermittierenden Vorwärtsbewegen des Bildbandes für photographische Serviere-Apparate und Bioskope". Also für einen Filmprojektor. Im Oktoberprogramm 1895 des „Wintergartens" war Max Skladanowsky gemeinsam mit seinem Bruder Emil durch ein „elektro-mechanisch-pyrotechnisches Wasserschauspiel-Theater" aufgefallen. Die „Bioskop"-Nummer im Novemberprogramm sollte nach ihren Vorstellungen dem Wunderkabinett des technischen Zaubers einen neuen Höhepunkt bereiten. Max Skladanowsky filmte Artisten und zeigte ihre Darbietungen auf der Leinwand des „Wintergartens" als virtuelle Artistik, überlebensgroß, lebendig, aber ohne lebende Personen. „Wie er das macht, das soll der Teufel wissen", meinte damals ein Kritiker. Wir aber stehen auf unserem Ödland und wundern uns darüber, wieso Verrückte oft erst von der Nachwelt zu Propheten gemacht werden.

Eine andere Geschichte von der Geburt der Moderne aus dem Geist des Tingeltangel erzählt das Apollo-Theater. Es existiert auch nicht mehr. Im „Apollo" an der unteren Friedrichstraße war seit 1893 Paul Lincke als Kapellmeister engagiert, und hier inszenierte er 1899 seinen Traum vom Fliegen: „Frau Luna". Das ist eine Geschichte, die in vielem Richard Wagners „Tannhäuser" auf die Gasse und ins Berliner Milieu holt, aber Frau Luna lebt eben nicht im Hörselberg, sondern auf dem Mond, und dahin muß man fliegen können. Hochseilartisten zum Beispiel können fliegen, das wußte auch Paul Linckes Mitdirektor am Ostend-Theater, dem er verpflichtet war, bevor ihn das „Apollo" engagierte. Sein Name war Otto Lilienthal. Seine artistische Darstellung, mit der er sich den Traum des Ikarus verwirklichen wollte, und bei der er 1896 tödlich verunglückte, begründete die moderne Luftfahrt.

Wir aber landen unversehrt wieder auf unserem Ödland und überqueren die Straße. Unter den S-Bahn-Bögen ist Leben eingekehrt in den letzten Jahren. Kneipen, Läden, Kneipen. Wir sitzen in der „Nolle". Das ist die Renaissance einer Renaissance. Früher war die Friedrichstraße außer für ihre Vergnügungstheater auch für ihre Bierpaläste bekannt, die ein französischer Besucher einmal als „curiosités architecturales" bezeichnete und deren alfresco-Bemalungen ihn zu der Bemerkung veranlaßten, es handle sich hier wohl um „deutsche Renaissance". Die Renaissance dieser Renaissance, beispielsweise in der „Nolle", ist heute toscanisch gemildert, und es gibt außer Bier auch Wein.

Statt schwerer Holztische und -bänke hat eine neue Leichtigkeit des Seins in der Gestalt von Korbgestühl Einzug gehalten. „In einigen Nachtlokalen kann die heutige Jugend vielleicht noch ironisch studieren, was früheren Generationen Spaß machte", scherzte der bekannte Berliner Flaneur und Schriftsteller Franz Hessel 1929, als sei es heute geschrieben.

Im „Metropol" plüscht es. Wir stehen im Innenhof auf abgewetztem grünem Kunstrasen, wundern uns über die fast kleinstädtische Kurhausarchitektur und kommen uns dabei etwas strafversetzt vor.

Als die Bilder laufen lernten
Max Skladanowsky 1920 vor seinem Bioskop

Links Ruinen, rechts Ruinen, in der Mitte Bad Pyrmont. Tatsächlich hatten findige Geschäftsleute vor über hundert Jahren hier eine Solquelle entdeckt und geschwind ein Badeetablissement für innerstädtische Kuraufenthalte emporgezogen. Später kam eine Eisarena dazu, und die wurde 1922 zum Theater. Nach 1945 spielte die ausgebombte Staatsoper dort. Zuletzt scheiterte René Kollo mit seinem Versuch, im „Metropol" die Operette zu revitalisieren. Was danach kommt, weiß keiner so recht.

Die Geburt des Nachkriegs aus dem Geist der Komödie zu assoziieren wäre man veranlaßt, wenn man einem Ereignis, das hier 1946 stattfand, nicht auch eine tragische Komponente zusprechen wollte. In eins nun die Hände legten im Operettenhaus der Sozialdemokrat Otto Grotewohl und der Kommunist Wilhelm Pieck. Die Spätfolgen sind auf der gegenüberliegenden Straßenseite auch schon Geschichte geworden und nun ironisch zu besichtigen.

„Tränenpalast" heißt das Ensemble. Seit den sechziger Jahren diente das neusachliche Nutzgebäude der Selektion von Grenzgängern zwischen Ost und West. Die aus dem Osten mußten, soweit unter dem Rentenalter, draußen bleiben und still ihre Tränen vergießen. Heute sind auch hier die Komödianten eingezogen. Gisela May und Helen Vita, überlebensgroß nach der Art von Mauer-Graffitti auf den Beton gepinselt, singen Couplets, zum Beispiel von Bertolt Brecht, der in einem Theater, das auf dem heutigen Brachland vor der Weidendammer Brücke stand, Anfang der dreißiger Jahre sein Stück „Der Jasager" inszenierte. Darin geht es in der harten Tradition des japanischen No-Spiels darum, ob es gerechtfertigt ist, einen Knaben zu töten, wenn das Gemeinwohl auf dem Spiel steht. Auch an dieses fatale Gedankenspiel erinnern wir uns in Nach-Wende-Zeiten nur noch ironisch.

Der Alte selbst sitzt auf dem Platz vor seinem Theater am Schiffbauerdamm in stilvoller Askese und verbreitet mehr eine Couture von Weisheit, als die Weisheit selbst. Jemand hat der Skulptur einen Strauß roter Nelken in die Arme gelegt. Sie schaut auf den Bahnhof, auf dem auch Brecht einst aus der bayerischen Provinz angereist kam, um kurz danach festzustellen, er werde in Berlin als Luft serviert. 1922 „Trommeln in der Nacht" im „Deutschen Theater", nach vier Vorführungen abgesetzt. Brecht sang in Trude Hesterbergs „Wilder Bühne" seine eigenen Songs und übte sich als Komödiant, um Geld zu verdienen. 1928 wurde er über Nacht berühmt, dort, wo er heute in Bronze gegossen sich selbst verklärt.

Regie führte Erich Engel, Theo Mackeben dirigierte Orchester und Sänger, Kurt Weill komponierte noch während der Proben. Das Stück hieß „Die Dreigroschenoper". Als Lotte Lenya bei der Premiere den Song von dem Schiff mit acht Segeln und fünfzig Kanonen an Bord in den Saal trällerte, gab das Publikum alle Zurückhaltung auf und applaudierte fortan bei jedem Couplet. „Es war eine raffinierte Aufführung", erinnerte sich später Elias Canetti, der im Publikum saß, „es war der genaueste Ausdruck dieses Berlins. Die Leute jubelten sich zu, das waren sie selbst, und sie gefielen sich. Erst kam ihr Fressen, dann kam ihre Moral, besser hätte es keiner von ihnen sagen können." Und Alfred Kerr meinte, die Leute gingen zu Scharen in die „Dreigroschenoper", um sich zu unterhalten, und nicht wegen des „Häppchens Kommunismus". Die „Dreigroschenoper" blieb Brechts größter Welter-

folg, vielleicht auch deshalb, weil das Stück stärker als alle seine anderen vom Revuetheater inspiriert ist.

Und wieder stehen wir vor Ödland. Möwen kreischen aufgeschreckt über der Spree und folgen dem Schlepper „Paloma Berlin", der unter der Weidendammer Brücke flußabwärts tuckert. In ihrem schwarzen, gußeisernen Geländer breitet ein Reichsadler herrisch seine Flügel aus. Wolf Biermann hat sich vor ihm fotografieren lassen, als er das Lied vom preußischen Ikarus schrieb. Auf der Brücke verlobte sich einst der schüchterne Theodor Fontane. Als die U-Bahn gebaut wurde, war die Brücke für einige Zeit verschwunden, und als sie 1922 wieder dastand, wunderte sich Alfred Döblin: „Man hat auch am Geländer den alten Reichsadler mit der Kaiserkrone nicht vergessen. Das geschah aus Mitgefühl. Solche Brücke ist aus Eisen und kann nicht so rasch umlernen". Das hat sie auch nach der liebevollen Restaurierung in den siebziger Jahren nicht müssen.

Das Ödland gehört den Erben von Max Reinhardt. Markthalle, Circus Renz, Großes Schauspielhaus, Friedrichstadtpalast, Abriß, Rückgabe an die Alteigentümer. Der Streit mit den Reinhardt-Erben über künftige Nutzung ist noch lange nicht ausgestanden. Reinhardt besaß bereits das Deutsche Theater und die Kammerspiele, als er den Zirkus am Schiffbauerdamm erwarb und zu einem Festspielhaus und Großraumtheater umbaute. 1920 „Julius Caesar". Große Massenszenen. Shakespeare-Revue. Reinhardt verpachtete das Haus schnell an die richtige Revue und erwarb später die Komödie am Kurfürstendamm, das Berliner Theater und das Theater am Kurfürstendamm.

Im „Großen Schauspielhaus" aber sang zu dieser Zeit „la grande interprete de la chanson allemande", wie Claire Waldoff von ihrer berühmten französischen Kollegin Yvette Guilbert liebevoll genannt wurde. Schon vor dem Krieg war sie in der Friedrichstraße, im „Chat noir" aufgetreten und hatte Walter Kollo, dem Vater des glücklosen „Metropol"-Intendanten von heute, zu seinem Aufstieg als Schlagerkomponist verholfen. Einer der ersten Hits des „Froll'n Waldoff", komponiert von Walter Kollo, war das Lied vom Schmackeduzchen: „Ein kleines Schmackeduzchen

Der gefährliche Traum vom Fliegen
Otto Lilienthal 1891 bei einer Flugübung

Die Welt ist arm, der Mensch ist schlecht
Roma Bahn als Polly und Erich Ponto als Peachum in der Uraufführung von Brechts „Dreigroschenoper"

Windsor
FINE CLOTHING

Begegnungen in Windsor.
Katja Flint, Schauspielerin.

Mehr über Windsor und Katja Flint erfahren Sie im aktuellen Katalog · Windsor GmbH, Am Ellerbrocks Hof 2–6, 33617 Bielefeld, Tel. 05 21/14 53·0 · Im Windsor Store Berlin, Bleibtreustr. 33 · Oder unter www.windsor.de

stand/ im See nah an des Ufers Rand/ und freute sich des Lebens./ Ein kleiner, süßer Enterich/ bat Schmack- keduzchen: Liebe mich." Der einfache, eindringliche Text und die schwungvolle Musik Kollos trafen den Nerv der Zeit. Die Waldoff und Kollo boten kein fein- sinniges Chanson wie in den literarischen Cabarets der Stadt, und sie wandten sich auch nicht hauptsächlich an die amüsierfreudige Oberschicht wie Paul Lincke und Rudolf Nel- son. Sie hoben das popu- läre Berliner Couplet aus der Taufe. Als der Beifall auf der Premiere Claire Waldoff eine Zugabe ab- verlangte, zeigte sie, die eigentlich aus dem Ruhr- gebiet stammte, zum er- sten Mal ihr Talent als Berliner Pflanze. Klein, etwas gedrungen, fast jungenhaft stand sie auf der Bühne und grölte plötzlich: „Aujust, reg dir bloß nich uf!/ So wat jibt et nich!" Das war 1907, und solch ein Ton war damals neu in Berlin.

In den zwanziger Jahren sah man sie oft mit ihrem neuen Freund Joachim Ringelnatz durch die Berliner Kneipen ziehen. Otto Stransky und Fried- rich Hollaender waren ihre Komponisten, als Eric Charell sie für seine großen Revuen in Rein- hardts Schauspielhaus engagierte. Hier lernte sie die junge Marlene Dietrich kennen und wurde zu ihrer Lehrerin in Sachen Chanson. Als kurz vor der soge- nannten „Machtergreifung" eine Abteilung SA den Vortrag der Waldoff mit dem Sprechchor störte: „Deutsche Männer und Frauen, wollt ihr das hören?", brüllte sie mit der gleichen Lautstärke zurück: „Natür- lich wollen die das hören, deswegen sind sie ja herge- kommen!" 1936 verpflichtete sie Eduard Duisberg noch einmal für die „Scala". Goebbels, der zur Premie- re erschien, verlangte kategorisch ihre Entfernung von der Bühne.

Reinhardt war damals schon emigriert. Sein Lorbeer- kranz wirkt etwas verloren auf der Säule gegenüber dem Deutschen Theater, die man zu seinem Gedenken nach dem Krieg errichtet hat. Brachland, Zweckbau- ten, Platte ringsum, die Stadt auch hier ein Torso mit Fragezeichen. Dazwischen wie ein Solitär das Deut- sche Theater und die Kammerspiele. Es ist mit seinem einladenden Vorplatz und seiner biedermeierlich an- mutenden Architektur immer noch die schönste The-

Ein kleines Schmackeduzchen stand
Claire Waldoff, die Erfinderin des populären Berliner Couplets

aterlandschaft Berlins. Reinhardtstraße. Claire- Waldoff-Straße. Ein Jahr- markt der Eigentümlich- keiten. Wäscherei, Schneiderei, Trödel, ein Fotogeschäft, das tsche- chisches Fotopapier ver- kauft, und dann die Säu- le mit dem Pelikan, die seit 1686 hier vor einem Torbogen steht und die Gründung des „Hospital Francois" im gleichen Jahr durch Hugenotten festhält. Hinter dem Deutschen Theater beginnt das Gelände der Charité. Vor der tristen „Pension Clairchen" stehend, sehen wir die Fassade des Friedrichstadtpalastes.

Und hinter dem Friedrichstadtpalast ein Zelt. Wir ste- hen auf dem Hof des alternativen Kulturpalastes „Ta- cheles". Von den offenen Räumen der Ruine schweift der Blick über die Kuppeln des alten Postfuhramts und der Synagoge zum Fernsehturm. „More Art" fordert ein Sprayer auf den Wänden eines bunt bemalten Containers. „Die große Stadt ist wesentlich vernünf- tig", hatte Heinrich Mann einmal gesagt. Hier will sie es nun wirklich nicht sein. Hier ist sie unentschieden zwischen der alternativen Parole „Die Phantasie an die Macht" und dem neuen Fantasy-Kommerz, der uns im benachbarten Zeltbau „Willkommen in Mittelerde" heißt.

Tolkiens Bestseller „Der Herr der Ringe" wird im „Fantasy-Zelt" als Musical aufgeführt. Weltpremiere mit beklemmend zurückhaltender Kritik. Ein Flop? Anhaltendes Gemunkel um bevorstehende Pleite, auch das wie in alten Gründerzeiten. Das Zelt ist trotzdem auf Dauer eingerichtet. Der Ort, an dem heute Tolkiens Fantasy gespielt wird, und der den Zir- kusbauten des letzten Jahrhunderts seine Karriere als Vergnügungsmeile verdankt, hat angefangen, sich sei- ne Tradition zurückzuholen. Partout will auch er end- gültig wieder auferstehen aus Ruinen.

Verordnetes Vergnügen in braunen Jahren
Der Friedrich- stadtpalast Ende der dreißiger Jahre

Rolf Hosfeld lebt als Filme- macher, Journalist und Fernseh- produzent in Berlin

Mit uns zieht die neue Zeit
Schlüssel- übergabe für den Neubau des Friedrichstadt- palastes 1984

Denken Sie jetzt bitte nicht an Geld.

Genießen Sie die Premiere. Lassen Sie sich nicht von so banalen Dingen wie Geld, Zinsen oder Darlehen ablenken. Wenn Sie aber schon bis hier hin gelesen haben, dann können Sie sich doch etwas zu Ihrem Vorteil merken: Dass die Südboden ein besonders kompetenter Partner für die Immobilienfinanzierung ist. Wenn Sie irgendwann einmal mehr wissen möchten, rufen Sie uns an: Telefon 01 80-3 00 02 90. So, und nun viel Vergnügen.

Südboden. Mittel und Wege.

SÜDDEUTSCHE BODENCREDITBANK

AKTIENGESELLSCHAFT   HYPOTHEKENBANK

DER CHEF

Er dirigiert die
größte Girlstruppe
der Welt, ist Herr
über ein Heer von
Tänzern, Sängern,
Musikern und
Technikern.
Alexander Iljinskij,
der Intendant
des Friedrichstadt-
palastes, im
Gespräch mit
Roland Mischke
über seine Vision
eines zeitgemäßen
Revuetheaters

Der Herr des Himmels
Intendant Alexander Iljinskij auf dem Dach seines Theaters

Herr Iljinskij, Sie sind studierter Psychologe, ein ungewöhnlicher Hintergrund für einen Intendanten.

Mich hat es schon früh zur Gestaltung auf irgendeine Form von Bühne getrieben. Ich habe nach meinem Psychologiestudium auch eine theaterwissenschaftliche Ausbildung in Berlin absolviert, die zum Teil im Bereich der Musik lag. Ich habe schon damals, als ich mich etwa mit Carl Maria von Weber und der Uraufführung des „Freischütz" beschäftigte, einen Einstieg gesucht, die Schwelle der klassischen Musik so niedrig wie möglich zu halten. Aber ich hätte mir von meiner Lebensplanung und meinem Werdegang her nie träumen lassen, daß ich einmal auf diesem Sessel hier sitzen würde.

Der Höhepunkt des Revuetheaters war die Vorkriegszeit. Welche Funktion hat das Revuetheater für Sie heute?

Sie spielen auf die Golden Twenties an, und da haben Sie recht. Das war in Berlin ohne jeden Zweifel der Höhepunkt des Revuetheaters. Nach dem Zweiten Weltkrieg entwickelten sich in Westdeutschland Formen der Unterhaltungskultur, die durchaus aus dieser Vergangenheit, aus dieser Hemisphäre stammen. Die Unterhaltungskunst in der DDR dagegen versuchte mehr oder weniger krampfhaft, auch diesem Genre einen realsozialistischen Spiegel vorzuhalten. Man muß den Verantwortlichen des Friedrichstadtpalastes allerdings sehr zugute halten, daß sie damals, als alles noch in Schutt und Asche lag, bereits an einen Wiederaufbau dachten und auch schnell konkrete Planungen vorlagen. Die Unterhaltungskunst erhielt einen hohen Stellenwert in der DDR. Die Assoziation zu „Brot und Spiele" ist hierbei erlaubt. In den mittfünfziger, spätestens den endfünfziger Jahren lief das hier alles schon wieder, vielleicht nicht gerade wie geschmiert, aber immerhin beachtlich. Der Friedrichstadtpalast wurde wieder zum führenden Theater der Unterhaltungskunst, bis 1961 übrigens auch für die westliche Hälfte Berlins.

Was verstehen Sie unter Revuetheater heute?

Den Begriff des Revuetheaters muß man in seinen zwei Teilen betrachten: Revue und Theater. Es kommt dem Bedürfnis nach guter Unterhaltung, auch nach einem Stück heiler Welt entgegen. Wir begegnen dem Zuschauer nicht mit dem erhobenen Zeigefinger, wir amüsieren und begeistern ihn. Revuetheater ist ein gut gebautes Stück Kunst für einen Großteil der Theaterbesucher, es ist interessant für alle Gesellschaftsschichten, es unterhält ohne Ansehen der Person. Musikthe-

ater setzt Emotionen frei. Wir fördern unmittelbar das Empfinden von Schönheit und Ästhetik. Wir sensibilisieren die Zuschauer im weiteren Sinne für ihre Umgebung, für einen respektvollen Umgang miteinander und unterscheiden uns in dieser Zielsetzung nicht von anderen Theatern.

Liegt es also an den richtigen Ingredienzien, wenn Revuetheater ankommt beim Publikum? Am Mix aus verschiedenen Stilrichtungen, an der rasanten Folge von Ballett, Gesang und Artistik, an der prächtigen Ausstattung und dem opulenten Bühnenzauber?

Die Programme sollen eine Mischung aus Tradition und Zeitgeist sein, nationale und internationale Trends berücksichtigen und vor allem nah am Publikum bleiben. So werden wir den Friedrichstadtpalast gut über die Jahrtausendschwelle bringen. Publikumsnähe

Im Reich der Träume
Iljinskijs Arbeitszimmer: Hier entstand manche Revue

empfinden manche Künstler verrückterweise als Makel. Beim Revuetheater ist sie unentbehrlich.

Ein berühmter Theaterkritiker bezeichnete die Revue einst als die „zehnte Muse". Gefällt Ihnen das?

Es ist ganz und gar zutreffend. Als zehnte Muse hat sie gegenüber ihren Kolleginnen sogar noch einige Vorteile. Sie ist sehr viel weniger festgelegt, man kann sehr viel mehr mit ihr spielen und experimentieren. Und sie hat traditionell den größten Zuschaueranteil. Mir scheint - eine sehr „demokratische Muse".

Macht es Ihnen, der Sie in Ihrer Vita als eines Ihrer Hobbys die Oper angeben, gelegentlich zu schaffen, daß das, was Sie hier auf die Bühne bringen, allzu schnell als seicht, als nicht ganz ernstzunehmend eingestuft wird?

Wenn das, was wir hier tun, als seicht abgetan wird, schmerzt mich das. Wenn es als leichte Muse betrachtet wird, finde ich das in Ordnung. Ich sehe ja, wie hier produziert, mit welchem Engagement hier gearbeitet wird. Ernstzunehmende Theatergänger sehen das auch. Die anderen, die einfach nur hämen, interessieren mich weniger. Es ist doch ganz leicht zu sehen, daß wir nicht auf vorhandenes Repertoire zurückgreifen können, sondern intensiv bemüht sein müssen, Eigenständiges zu schaffen und auf der Bühne zur Geltung zu bringen.

Sie haben in einem Papier die Ansicht geäußert, die Revue lebe nicht allein von Ihrer Tradition und großen Vergangenheit. „Sie ist ständig gefordert, das Neue aufzuspüren und den Zeitgeist in sich aufzunehmen", formulieren Sie. Sehen das auch die Zuschauer des Friedrichstadtpalastes so?

Ich habe da über Tradition und Zeitgeist gesprochen, und beides gehört zusammen. Wir wären schlecht beraten, wenn wir uns von unserer Tradition lossagen würden. Und wir wären arm dran, wenn wir hier nur zeigen würden, was viele aus einem falsch verstandenen Traditionsbewußtsein heraus als Revuetheater auffassen. Natürlich steht die Ästhetik des menschlichen Körpers, die Schönheit der Kostüme, die Ausstattung mit im Vordergrund. Aber das ist doch nicht alles! Mit dem Begriff Zeitgeist muß man sehr vorsichtig umgehen, vor allem unterscheiden: Nicht alles, was sich als Zeitgeist präsentiert und von den Medien dazu stilisiert wird, ist tatsächlich Zeitgeist. Ich denke, man ist verpflichtet, wenn man ein Kunstgenre über die nächsten Jahre und Jahrzehnte bringen will, Dinge aufzugreifen, die in der Luft liegen, die eine Epoche prägen, die sich entwickelt haben. Ich muß darüber nachdenken, welche Generation mit welcher subjektiven Befindlichkeit in mein Theater kommt und kann nicht von den Prämissen von gestern ausgehen. Mit bunten Nummernprogrammen aus Gesang, Tanz, Artistik und Wortakrobatik, wie sie früher gepflegt wurde, ist heute nicht mehr viel zu holen beim Publikum.

Was ist denn das Besondere, das Typische, womit Sie Ihr Haus in Verbindung gebracht sehen möchten?

Ich habe hier eine Riesenbühne, modernste Technik, einen Saal mit 2.000 Plätzen, der gefüllt werden muß. Das schaffe ich nur mit einer ganz besonderen Theaterverabredung. Wir bieten Revue mit Theateranspruch, keine Nischenveranstaltung, kein gutgebautes Varietéprogramm, das ich im übrigen zu goutieren weiß. Der Friedrichstadtpalast muß höchsten internationalen Ansprüchen genügen, wir spielen in der Ersten Liga mit, und das müssen wir uns ständig vor Augen halten. Nehmen wir beispielsweise die Musik: Unsere Komponisten sollten einerseits nah am Zeitgeschmack sein, aber auch die Erwartungshaltung älterer Zuschauer nicht völlig vernachlässigen. Das ist eine ständige Gratwanderung, das können nicht viele. Aber der Erfolg des Revuetheaters steht und fällt mit dem Publikum, und diesen Erfolg brauchen wir.

An welchen Vorbildern orientieren Sie sich? Wie wichtig sind die amerikanischen Shows? Lassen Sie sich vom New Yorker Broadway oder von Las Vegas inspirieren?

Ich bin in der Welt herumgefahren und habe mir die wichtigsten Revuen angesehen. In Amerika hat man mir etwas sehr Interessantes gesagt: Paßt bloß auf, daß Ihr beim Revuetheater europäisch bleibt. Versucht nicht, amerikanisch zu werden. Ihr müßt auf eurer Tradition aufbauen.

Sie haben dort keine Inspiration erhalten?

Es fasziniert mich, was in Las Vegas technisch möglich ist, mit welchen Budgets dort gearbeitet werden kann. Dort gehen Low-Budget-Produktionen im Bereich von 10 bis 15 Millionen Dollars los, während wir mit 5 Millionen Mark eine anspruchsvolle Revue auf die Beine stellen müssen. Da ist viel Kreativität gefragt. Der Witz ist: Wir sind nicht schlechter, wir sind nur anders. Wir sind ein funktionierendes Theater mit einem festen Ensemble, mit einem großen Werkstattbereich für Bühne und Kostüme, wo jede Inszenierung aus einem Guß ist und dies für das Publikum sichtbar und spürbar wird. Ich bin nach Amerika gefahren, weil ich denen dort etwas abgucken wollte, und als ich gemerkt habe, daß die dort auch uns etwas abgucken wollen, war ich stolz darauf.

Sind amerikanische Shows nicht ganz anders konzipiert?

Eben! Broadway- und Las Vegas-Produktionen sind wie Apfel und Birne, man kann sie nicht vergleichen. Am Broadway dominiert das Musical, das ist nicht unser Ding. Für uns spielt eigentlich nur Las Vegas eine Rolle. Ich habe dort Shows gesehen, die vom Tanztheater her nicht vergleichbar sind mit dem, was wir hier machen. Ich sage das nicht aus einem blinden Stolz für mein Haus heraus, es ist mir bestätigt worden von Choreographen, die in aller Welt gearbeitet haben, und die die Universalität der klassisch geschulten Tän-

zer vom Friedrichstadtpalast zu schätzen wissen. Dieses ist vielleicht mit den vergleichbaren Ballettkompanien in amerikanischen Shows nicht möglich, und möglicherweise auch nicht gewollt. So darf ich konstatieren: Mit dem, was wir im Friedrichstadtpalast an Revuetanz bieten, sind wir einmalig.

Manchen Kritikern fällt auf, daß Sie bei der Wahl Ihrer Künstler auf heimische Lieblinge setzen und Weltstars nur dosiert einsetzen?

Hoppla, was verstehen Sie unter Weltstars?

Tina Turner ist ein Weltstar. Karel Gott, der öfters in Ihrem Haus auftritt, ist ein heimischer Liebling.

Ja, also ... wissen Sie, was Künstler wie Tina Turner an Gage verlangen? Aber davon abgesehen, kommt es doch vor allem auf Qualität an, und da ist Karel Gott, den Sie genannt haben, verläßlich. Das hat er über Jahre hinweg bewiesen.

Wer ist Ihr Publikum? Sind es vorwiegend „gelernte DDR-Bürger"? Wie hoch ist der Anteil der gelernten Bundesbürger?

65 Prozent unseres Publikums kommt aus den alten Bundesländern. Jeden Abend fahren ganze Buskolonnen vor. Mit der Wende ist uns ein Teil des Ostpublikums weggebrochen, denn es wollte sich ja auch erstmal ansehen, was anderswo geboten wird. Allmählich kommen die Leute aber wieder zurück. Sie wissen, was Sie bei uns haben.

Sind Sie zufrieden mit den Stücken, die Sie angeboten bekommen?

Die Auswahl von Stücken ist sehr schwierig, da wir weg sind vom Nummernprogramm und ehrgeizige Prämissen setzen. Dabei legen wir allergrößten Wert auf die vielfältigsten Formen des Tanzes und dementsprechend anspruchsvolle Choreographien.

Aber auch Sie setzen doch nicht mehr allein auf Ihre in Europa einmalige Girlsreihe von 32 Tänzerinnen mit dem Gardemaß von 1,70 Metern. Sie sind doch ein bekennender Technikfreak!

Technik fasziniert und begeistert mich, aber ich setze sie nie zum Selbstzweck ein. Wer ins Theater geht, möchte immer noch ein Theatererlebnis haben. Das ist die Verabredung zwischen dem Kartenkäufer und dem Veranstalter.

Dann sind dem Medium Revuetheater naturgemäß technische Grenzen gesetzt?

Richtig, und ich denke, jedem anderen Theater auch. Wenn wir Lasertechnik einsetzen, dann nicht, weil das technisch so toll ist, sondern stückbezogen sinnvoll. Wir haben eine große Vorbühne, setzen Eis und Wasser ein. Wir haben eine hochmoderne digitalisierte Beschallungsanlage, wir setzen jetzt auch erstmals holographische Mittel ein. Mit dieser Bühnen-Holographie ist es möglich, Illusionen in bisher nicht dagewesener Plastizität zu erzeugen – dreidimensional! Summa

summarum verfügen wir also über eine höchst aufwendige Technik, und doch sind das alles nur Hilfsmittel, und wir sollten uns davor hüten, sie als Effekthascherei einzusetzen. Das würden uns die Zuschauer schnell übelnehmen. Setzen Sie sich in die Vorstellung und beobachten Sie das Publikum. Wo gibt es während der Vorstellung den größten Applaus?

Wenn die Girlsreihe auftritt ...

Ich finde das wunderbar.

Sie schreiben auch selbst für das Theater. Welche Stoffe reizen Sie?

Ich habe unter anderem die Revue „Elements" als Autor miterarbeitet. Es geht um die Geschichte der Schöpfung, von ihren Anfängen bis hinein in die Zukunft. Wie gehen wir Menschen mit der Schöpfung um? Machen wir die Erde kaputt?

Das sind doch Fragen für einen philosophischen Diskurs!

Wir nutzen in „Elements" das Genre Revue als Forum für brisante Themen. Aber wir machen keine apokalyptische Horrorvision daraus, sondern versuchen auf leichte und unterhaltsame Art Anregungen und Antworten zu geben.

Wie wichtig sind heute noch Ost-Reminiszenzen, so wie Sie sie in „Präsent 20" dem Publikum serviert haben?

Wir kamen auf die Idee, nochmal die Unterhaltungskunst der DDR aufzuarbeiten. Das haben wir mit einem sehr sarkastischen Rundumblick getan. Wir haben uns über diese Zeit lustig gemacht, aber nicht bösartig, und das war entscheidend. Als ehemalige Ossis hatten wir das Recht, uns selber auf die Schippe zu nehmen. Ich weiß nicht, ob dieser Produktion noch eine weitere folgen wird. Diese jedenfalls war ein großer Erfolg.

Es gibt angeblich eine neue Ost-West-Eiszeit. Wie reagieren Sie als Künstler darauf?

Ich bin froh, hier feststellen zu können, daß es an unserem Haus keine Ost-West-Problematik gibt, nicht einmal latent, glaube ich. Ich habe die DDR erlebt, ich habe in ihr nicht schlecht gelebt, weiß aber auch um viele Defizite, die ich damals verspürte. Es wäre falsch, das leugnen zu wollen.

Es war eine Diktatur, aber sie gab mir immer noch erstaunlich viele Spielräume. Ich bin nicht jeden Tag mit einem Strick um den Hals herumgelaufen. Im Gegenteil: Heute möchte ich die DDR-Erfahrung gar nicht missen. Und meinen ehemaligen Landsleuten möchte ich sagen: Bei aller Bitterkeit, die durch die derzeitige Polarisierung hervorgerufen worden ist, sind wir doch in eine Zeit hineingekommen, die uns allen enorme Möglichkeiten bietet. Wir müssen sie natürlich erkennen und nutzen. Es fällt niemandem etwas in den Schoß. Es gab einen guten Spruch, der die DDR zu Recht überleben sollte, weil er unverändert gültig ist: So wie wir heute arbeiten, werden wir morgen leben.

Roland Mischke lebt als freier Journalist und Buchautor in der Nähe von Frankfurt am Main

GOLDEN SMOKE.

Metro Goldwyn Mayer

ARS · GRATIA · ARTIS

TRADE   MARK

®

MGM PREMIUM CIGAR.

Titel: THE STAR CIGAR · Hauptrolle: 100% CARIBBEAN TOBACCOS
im klassischen Corona Format · Länge: 152 mm, 16 mm Durchmesser, verpackt in einer
attraktiven Alu-Tube · Regie: METRO-GOLDWYN-MAYER, Hollywood
Produktion: ARNOLD ANDRÉ CIGARS, Bünde
Format: erlesen, harmonisch, feinwürzig – PREMIUM · Preis: attraktive 5,60 DM

ULI KNECHT

WOMENSWEAR   MENSWEAR   ACCESSORIES

HAMBURG

GROSSE BLEICHEN 32

040-354430

BERLIN

KURFÜRSTENDAMM 30

030-88677842

FRANKFURT

GOETHESTRASSE 35

069-284918

DÜSSELDORF

KÖNIGSTRASSE 3

0211-324652

KÖLN

MITTELSTRASSE 1

0221-2570248

MÜNCHEN

RESIDENZSTRASSE 15

089-221510

NÜRNBERG

KAISERSTRASSE 36

0911-222433

STUTTGART

KÖNIGSTRASSE 36

0711-2262321

DAS DELIRIUM DER PHANTASIE

Wo finde ich in Berlin
eine vergnügliche Revue?
Friedrich Dieckmann
machte sich auf die Suche
im Friedrichstadtpalast
und wurde nicht
enttäuscht. Ihn hat die
leichte Bühnenkunst
begeistert, und er hat sich
Gedanken über
ihre Tradition gemacht

Wir alle
haben
Sinn für das
Schöne
Die Tänzerin
Eleonara
Alexandrowa

**Die Entfesselung
der Elemente**
Die Alexandrowa,
eine Choreographie

Auf der Suche nach der Revue

Ich habe einen Roman gelesen und feststellen müssen, es war gar keiner, sondern ein Wortspiel mit der Schwierigkeit, heute noch einen Roman zu schreiben; ich bin ins Theater gegangen und habe eine Nachahmung griechischen Theaters nachahmen sehen, mit jenem Pathos der Gebärde, hinter dem sich die Abwesenheit von Inhalten verbirgt; ich habe zwanzig Fernsehknöpfe gedrückt und bin erst bei „Ben Hur", dem Stummfilm, zum Stehen gekommen, einem langgezogenen Machwerk, an dem das Stärkste eine Seeschlacht, ein Wagenrennen und das peitschengetriebene Rudern dreier Stockwerke voller Galeerensklaven ist; muß ich etwas für meine Unterhaltung tun? Unterhaltend war dies alles auch, aber auf ermüdende Weise; finde ich irgendwo aufmunternde Unterhaltung? Gibt es womöglich – eine Revue in Berlin? In der Friedrichstraße gibt es den Friedrichstadtpalast, zweihundert Meter weit von jener immer noch leeren Stelle, an der einst die große Markthalle stand, aus der erst der Zirkus Schumann und dann Max Reinhardts Großes Schauspielhaus wurde, schließlich aber (noch hielten die Pfähle im Spreeschlamm) das Revuetheater des ersten deutschen Arbeiter- und Bauernstaates; hier, denke ich mir, müßte sich eine Revue sehen lassen. Aber

die Tore sind verschlossen; sollte es wirklich keine Revue im Friedrichstadtpalast geben? Wo ein Bühneneingang ist, da muß auch eine Bühne sein; mit zwei Bühnenarbeitern schlüpfe ich durch und gelange, von dem Schild „Stage" geleitet, an Heizungsrohren entlang in den Zuschauerraum. Und da ist es denn wieder, unser überdachtes Epidauros, das Theatron mit dem Beinahe-Halbrund steil ansteigender Zuschauerreihen und dem oben umlaufenden Rang, die klassische Theaterarchitektur mit der kreisrunden Orchestra vor den logenhaft abgeteilten vorderen Sitzen und dem Proskenion, der Vorbühne, die der Orchestra tangential anliegt. Hinter dem Portal, das sie einfaßt, öffnet sich die riesige Hinterbühne.

Donnerwetter, sage ich zu mir, an einem solchen Theater hat Gottfried Semper für Richard Wagner und seinen bayerischen König jahrelang herumgebastelt und es dann doch nur im Modell fertigbekommen. Dies ist das wahre Renaissance-Theater, die Wiedergeburt Altgriechenlands mitten in Berlin, dort, wo dessen Nord-Süd-Achse die Spree kreuzt; werde ich hier eine Revue erleben? Um mich herum herrscht gedämpftes Getriebe, Zürüstungen geben sich kund. „Herr Klemm, kann ich begrüßen?" ruft eine unsichtbare Stimme durchs Mikrophon; es ist wirklich, als solle gleich eine Revue stattfinden. Niemand achtet auf mich, und was ich sehe, ist verheißungsvoll: Kulissen und Soffitten wie von Schinkel entworfen, tiefblau und mit Sternen bestickt, als werde die Königin der Nacht erwartet. Im Hintergrund zeigt sich ein breiter Wagen, aus dem sich zwei goldene Gigantenhände

hervorstrecken, jeder Finger größer als ein Mensch. Aber nicht die Königin der Nacht tritt in Erscheinung, sondern ein Mann in Hemd und Hose, der, ganz für sich, anfängt, mit einem Dreiecksgerüst zu spielen, das aus langen silbrigen Stäben besteht, einem Tetraeder, größer als er selber, das er, mit erhobenen Armen blitzschnell die Handhaltung wechselnd, durch die Lüfte schwingt, sich selbst beweisend (niemand außer mir beachtet ihn), daß man sechs Stäbe, die an drei Spitzen zusammenlaufen, mit den Händen in schwebende Rotation versetzen kann. Er nutzt die Gelegenheit und rekapituliert die Bewegungsabläufe; auf einmal versucht er, das Spiel mit dem mystisch-luftigen Körper (alle reinen Formen sind mystische Gebilde) von innen her zu entwickeln, und greift inmitten der Pyramide nach den Stäben. Ich könnte ihm lange zusehen.

Irgendwann ist er dann nicht mehr da, und die Mikrophon-

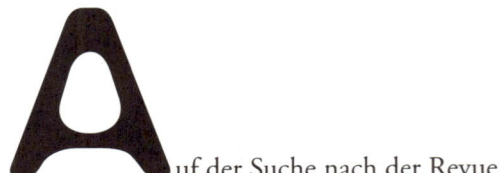

stimme ertönt aufs neue; fängt nun die Revue an? Aber das Unternehmen stockt, die 3-D-Projektion macht Schwierigkeiten. 3-D-Projektion, gibt es das wirklich: Raumbilder ohne aufzusetzende Stereobrille? Es klingt nach Zauberei, und Zauberei gehört zur Revue zweifellos dazu, vor allem, wenn ein Zauberer sich sehen läßt. Aber es klappt noch nicht mit dem Bildzauber, ein gelber Faltmast rollt auf die Szene und entfaltet einen Mastkorb, um irgendetwas zu reparieren; indessen erscheinen einige Damen und Herren in enganliegenden dunklen Anzügen (man nennt sie nach dem, was sie umschließen: „body", das ist, als ob man das Portemonnaie Geld und den Flakon Parfüm nennen würde) und recken probeweise ihre höchst beweglichen Glieder. Auf einem seitlichen Podium ist hinter Schleiern etwas zu erkennen, das nach Musik aussieht: Leute auf Stühlen, die Instrumente in der Hand halten; die Revue läßt auf sich warten. Ich werde ungeduldig und schleiche mich wieder hinaus, fahre ein kurzes Stück mit der S-Bahn und finde mich in einem Lokal wieder, in dem eine Jazzkapelle aufspielt, als wären wir

in jenen Zwanzigern, die gar nicht golden waren. Ich küsse hier eine Hand, da eine Wange, trinke ein Glas Sekt und eins mit Köstritzer Schwarzbier und suche weiter nach der Revue; beinahe hätte ich Glück gehabt. Aber die Vorstellung ist gerade zu Ende, gleichwohl sitzen einige Leute noch im Dunkeln und lachen. Der Clown, der einen Frack trägt, versucht, sie zum Hinausgehen zu bewegen, da die Vorstellung definitiv vorbei sei, was sie aber nicht glauben wollen, da das Saallicht nicht angeht und der Clown immer wieder erscheint, um ihnen zu sagen, nun müßten sie wirklich gehen. Schließlich gehen alle übrigen Darsteller von der Bühne ab durch die Mitte, was aber tun die Leute an den Tischen? Sie applaudieren und bleiben sitzen. Zum zweiten Mal an diesem Abend bin ich in eine Revue geraten - nicht in die, welche noch nicht angefangen hat, sondern in die, die schon zu Ende ist.

Der goldene Apfel

Was aber ist eine Revue? Von der Bühne herab erfahre ich heute nichts Genaueres mehr, also fahre ich nach Hause und schlage Bücher auf, den „Großen Meyer" zuerst, Leipzig und Wien 1897, das siebzehnbändige Nachschlagwerk, das doch auch über die Revue etwas zu sagen haben wird, dieses Theaterkind des späten

neunzehnten Jahrhunderts, das in den neuen Metropolen zur Welt kam, in Paris zuerst, der Hauptstadt der Moderne, wo auch das Bildplakat geboren und der moderne Roman ausgeheckt wurde, ganz zu schweigen vom Kabarett, der Intimform dessen, was die Revue ins Große, Ausladende treibt; ich muß es endlich näher wissen. Nach der Revolution, dem Revolver und der Revucza, einem nur dreißig Kilometer langen Nebenfluß der Waag, finde ich die Revue und erfahre, das Wort heißt Musterung, nämlich welche? „Die Besichtigung des felddiensttauglichen Zustandes der Truppen, verbunden mit Übungen, namentlich durch Friedrich d. Gr. ausgebildet (vgl. Parade)."

Der Große Meyer läßt mich im Stich, aber er tut es auf interessante Weise. Es ist einleuchtend, daß, was wir heute Revue nennen und mit Moulin Rouge und hochgehobenen Cancan-Röcken und dem Anblick einer langen Reihe beinewerfender Girls verbinden, einmal eine Militärparodie war, aufreizende Persiflage auf den altpreußischen Paradedrill, der seinerseits von den französischen Feudalarmeen herkam. Die im Gleichschritt, Gleichwurf ihre Extremitäten preisgebende Girl-Show als das komisch-weibliche Pendant zum seinerseits sexuell aggressiven Stechschritt der Parade-Defilees? Auch die Funkenmariechen des rheinischen Karnevals mit ihren pseudomilitärischen Korsagen und den zackig-nackt präsentierten Gliedmaßen haben eine satirische Wurzel; sie parodierten das Militärwesen der preußischen Eroberer, die die Rheinlande 1814 den Franzosen abgenommen hatten, die zu weit marschiert waren: bis nach Moskau. Ich lese weiter im Großen Meyer und stoße doch noch auf Theater: „Im französischen Theaterwesen nennt man 'Revuen' auch Bühnenstücke, die zu Anfang eines jeden Jahres aufgeführt werden und in zusammenhanglosen Bildern einen Rückblick auf die Hauptereignisse des verflossenen Jahres werfen (meist Ausstattungsstücke und Possen)." Der Verfasser, zeigt sich, ist befremdet: er hält eine Theaterform, die episodal verfährt, für zusammenhanglos. Zugleich gibt er einen interessanten Hinweis auf den anders satirischen Ursprung dieser vor hundert Jahren noch ganz jungen Form von Bühnenunterhaltung. Die ersten Pariser Revuen ließen auf possenhaft-glossierende Weise Begebenheiten der jüngsten Zeitgeschichte Revue passieren; sie führten szenisch vor, was heutzutage die Medien am Jahresende besorgen. Die ursprüngliche Revue muß ein respektloses, aufsässiges, politisch wie erotisch aggressives Unternehmen gewesen sein – eine Vorführung, die sich über jene alten Regeln hinwegsetzte, die dem Theater die Schürzung, Knüpfung, Auflösung eines Handlungsknotens gebieten. Sollen wir sie ein knotenloses Theater nennen?

Die Auflösung ins Episodale, in die Varietät – die Varieté – der einzelnen Nummer, das war das Neue an der Revue, dieser leichtfertigen Ausgeburt der großen Städte, welche das industrielle Zeitalter aus dem Boden Europas und Nordamerikas stampfte. Aber es gibt einen Unterschied zwischen Revue und Varieté, und er liegt nicht nur in den Kosten der Ausstattung und den Ausmaßen der jeweils benötigten Bühne. Ein kleinerer Meyer, aus dem Leipzig des Jahres 1963, zieht ein Fazit dessen, was nach 1897 aus der Revue wurde; er nennt sie ein „Ausstattungsstück, in dem Darbietungen oder Szenenfolgen verschiedenster Art (Kabarett, Gesang, Tanz und Artistik) durch eine meist belanglose Handlung zusammengehalten werden; auf Wirkung durch großen Aufwand an Dekorationen, Kostümen und technischen Effekten angelegt".

Die Revue, so zeigt sich, ist eine zusammenhängende Zusammenhanglosigkeit. Sie braucht etwas Verbindendes, das stärker wirkt als die bloße Ansage und das Erscheinen des langbeinigen Nummernfräuleins, aber dieses Verbindende darf nur spielerisch-vorwändig sein, sonst würde die Einzelheit, die sich entfalten soll, überlastet. Darum muß der Handlungszusammenhang belanglos sein, was eine schwierige Anforderung ist, ebenso wie die Formung jener Äußerlichkeit, auf die es hier ankommt. Denn wo der Sinn einer Sache im Reizvoll-Aufreizenden, Oberflächlich-Ergötzlichen liegt, dort ergehen gesteigerte Anforderungen an die Form, die gleichsam die Stelle des Sinns vertritt, an eine Oberfläche, die durchaus keine Tiefe verbirgt. Von Geschmack wäre mit einem fast veralteten Wort zu reden, und nicht die Zunge ist damit gemeint, sondern das Schmecken von Auge und Ohr.

Damit aber steht es deshalb so schwierig, weil unsere Zeit über keinen Stil verfügt, der ihr die Lösung der Aufgabe erleichtert, so wie die Revue des Barockzeitalters, das Oper genannte Ausstattungsstück der feudal-aristokratischen Höfe, über einen Fond an Stilgefühl verfügte, der ihm überbordende Reizentfaltungen in Kostüm, Kulisse und Musik ermöglichte, den kultiviert-eingängigen Ohren- und Augenschmaus. Die belanglose Handlung, als eine Zusammenhang stiftende Scheinhandlung, war hier leicht zu haben; man brauchte nur in den Geschichtenvorrat der antiken Mythologie zu greifen und fand dort mühelos den roten Faden, auf den man Sternenhimmel und Höllenschlünde, Meeresgewitter und Göttermahle auffädeln konnte. Zuletzt lief alles auf politische Propaganda hinaus, auf die theatralische Verherrlichung des angestammten Herrscherhauses, aber das war eine zwischen Publikum und Theatermachern von vornherein geklärte Angelegenheit. Jeder wußte: ohne die herrschenden Mächte zu verherrlichen, sind die Kosten so ergötzlicher Schauspiele gar nicht aufzubringen.

Die Anforderung der belanglosen Handlung wurde dann etwa so erfüllt, daß die Göttin der Zwietracht jenen goldenen Apfel auf die Erde wirft, der der schönsten von drei einflußreichen Göttinnen gehören soll, und dadurch einen welterschütternden Streit auslöst, der in dieser barocken Revue – sie fand mit „Zulassung aller" in dem Wien von 1667 statt – aber nicht in einen Krieg, den trojanischen, ausgeht, sondern dadurch beigelegt wird, daß Zeus, der Göttervater, selbst sich zum Richter macht und den Apfel statt einer der Göttinnen der jungen habsburgischen Kaiserin überreicht, deren Hochzeitsfest der Anlaß der ganzen Veranstaltung war. Sie hatte Unsummen gekostet, nannte sich Festa Teatrale, Theaterfest, und natürlich interessierte sich kein Mensch für die Handlung, sondern alle nur für die fabelhaften Bühnenerscheinungen von Göttern und Geistern, Teufeln und Teufelinnen, die ohne die vorgebene Handlung aber ins Leere entglitten wären. So etwas finde und erfinde man mal für unsern epidaurischen Friedrichstadtpalast!

Die Altvorderen hatten es leichter, weil einerseits die Erfindung belangloser Handlungen und andererseits die Sicherheit des Geschmacks, die Kompetenz im Ästhetischen vorgegebene Selbstverständlichkeiten waren. Wo nehmen wir sie heute her? In einer Zeit, da politisch-ökonomische Propaganda kein festlich überragendes Bühnenereignis, sondern eine Dauererscheinung ist, die Dauerberieselung mit Warenanpreisungen, die außer der besonderen Ware, zu der sie verlocken wollen, immer auch das System des Zur-Ware-Werdens propagieren, so wie die Feste Teatrali es mit der Herrschaft der Habsburger taten. Wie teuer müßte eine Revue sein, um ästhetisch so ausgebildet, so stilsicher dazustehen wie Automobile von BMW oder Alfa Romeo oder Audi, wie Kameras von Leica und Canon? Es gibt heute fast keine häßlichen Autos mehr wie noch vor dreißig Jahren, und von andern Massenartikeln mit klar definierter Zweckbestimmung gilt dasselbe. Man nennt das Design, und es ist eine Kunst wie in alten Zeiten das Entwerfen von Opernszenen und Festkostümen.

Merkwürdigerweise sinkt diese ästhetische Kompetenz deutlich ab, wenn man sich von dem Feld tech-

nisch nutzbarer Waren auf das der Kommunikation begibt, dieses weite Feld, das von den Medien bis zu den Sparten der Werbeindustrie reicht, dorthin, wo nicht große, finanzstarke Firmen viel Geld an die Formung handhabbarer Produkte setzen, sondern wo jene Werkelei herrscht, die sich einen unbestimmten Begriff von dem macht, was der Kunde will, statt, wie es die Industriedesigner fortgesetzt tun, den Geschmack der Käufer (da ist das Wort wieder!) zu bilden und zu entwickeln. Man sehe sich nur in einem Zeitungsgeschäft um oder tappe zappend durch die Fernsehkanäle oder sehe die Inserate derselben Autohersteller, deren Karosserien völlig untadelig sind! Ein Waschmaschinenhersteller, der ästhetisch so verführe wie die Layouter der Vergnügungsindustrie, die Bildfabrikanten des Fernsehens, würde binnen kurzem bankrott machen. Denn, merkwürdig genug, die Kunden, wir alle, haben Sinn für das Schöne, das Wohlgeratene, die bedachte Augenweide; wir springen drauf an.

ilbarke

Wo war ich stehengeblieben? Bei der Revue, der handlungsarmen, aber nicht handlungslosen Aufführung, Vorstellung, Schaubegebenheit, die etwas Revue passieren läßt, das durch ein rotes Fädchen (oder ein gelbes, blaues, violettes) zusammengehalten wird: den Akrobaten und den Komiker und den Schlagersänger und die vielen wohlgeformten Damen und Herren, welche etwas vertreten, das auf dem antiken Theater der Chor hieß, die aber, anders als dieser, kein Wort sagen, sondern nur ihre Gliedmaßen sprechen lassen! Dies alles zusammengenommen nennen wir Revue, und wie neuartig und befremdend das noch vor siebzig Jahren war, zeigt sich an dem Theaterhistoriker Joseph Gregor, einem Kenner der Theatergeschichte bis in ihre entlegensten Winkel, dem die Revue als nichts anderes denn eine Auflösungserscheinung galt. In einem dicken Geschichtswerk nennt er sie eine „höchst sonderbare Erscheinung", die in der Theatergeschichte „kaum einen Vorläufer gehabt" habe; hat er den Anfang seines eigenen Buches vergessen? Dort ist auf älteste Vorformen verwiesen, in Ägypten etwa, wo dreitausend Jahre vor unserer Zeit Theaterbarken den Nil entlang schwammen, mit Taschenspielern und Gauklern, die auf Schaugerüsten ihr freudig aufgenommenes Spiel trieben. „Unzählige Darstellungen des altägyptischen Lebens", konstatiert der ratlos vor der Revue stehende Gelehrte, „sind von den Produktionen von Tänzern, Musikern, Ringern umgeben". Wir sehen auf plastische und malerische Darstellungen altägyptischer Revuen und sind bestürzt über die unfehlbare Stilsicherheit von Haltung, Schmuck und Gewand; man könnte sofort eine Revue daraus machen.

Muß erst ein Stil dasein, ehe Revue sich bildet? Oder vermag die Revue selbst Stil hervorzubringen? Im Blick auf die erlesene Pracht altchinesischer Theaterkostüme spricht der Revue-Skeptiker Gregor voller Enthusiasmus von einem „Delirium der Phantasie"; dies, ohne Zweifel, wäre das Höchste, was jener Theaterform beschieden sein könnte, die seit hundert Jahren diesen vieldeutigen Namen: „Revue" führt. Aber selbst die teuersten Modeschöpfer wissen heute ja nicht, wie sie ihre Claudias und Naomis um- und enthüllen sollen; im Erfinden-Lassen von Düften sind sie viel erfolgreicher als in dem von Gewändern. Statt des Deliriums der Phantasie finden wir uns nur zu oft vor den Krämpfen der Phantasielosigkeit.

Dem distanzierten Blick des konservativen Theaterhistorikers auf diese schrankenlos vergnügliche Theaterform steht die lustvolle Ansicht des Kulturphilosophen gegenüber. Walter Benjamin, der Berliner Schriftsteller, wendet 1926 einen wohlgelaunten Text an den Nachweis, daß ein Stück wie Shakespeares „Hamlet" den Londoner Lords seiner Zeit als Amüsiertheater ähnlich verdächtig gewesen sei wie heute – also 1926 – die Revue. Wenn aber „Hamlet" die Revue der frühen Weltstadt London war, dann sind die Revuen von heute noch lange keine Hamlets; sie dürfen es nicht einmal sein. Was ihnen das Dasein erschwert, ist nicht nur jener Verfall der Phantasie, der mit dem Vordringen neuer Techniken zusammenhängt; es ist auch der Umstand, daß die Revue längst über das Theater gesiegt hat. Seit Brechts „Dreigroschenoper" hat alles moderne Theater einen Zug von Revue, von gelockerter, aufgesprengter Form, und in den letzten dreißig Jahren ist dieser Zug immer stärker geworden; er hat das alte, bürgerliche Theater der zusammenhängenden Handlung vielfach in den Schatten gestellt.

Es ist der Sieg der Revue über das Theater, welcher es der ersteren erschwert, sich zu jenen Delirien der Phantasie aufzuschwingen, in denen sich die Gattung erfüllen könnte. Denn wo das darstellende Theater die Revue, die ein vorführendes Theater ist, aufsaugt, muß die Revue sich immer weiter vom darstellenden Theater entfernen. Sie wäre verloren, wenn sie anfinge, Substanz zu heucheln, die nicht die ihre ist, und von Gehalten zu naschen, die keine Genußmittel sind; etwas Fürchterliches würde ihr dann blühen: der Kitsch. Revue, wenn sie gelingt, ist ein szenisch ausgebreitetes Varieté, das sein Publikum von Nummer zu Nummer durch die Schauer des akrobatisch Exzessiven, die Lachsalven des komisch Überwältigenden treibt – eine Kunst der leichten Hand im großen Raum, die die Effekte in die Luft wirft wie der Jongleur die Bälle, Keulen, Ringe. Revue, das ist ein Gefunkel aus vielen einzelnen kleinen und großen Brillanten, einem Reif aufgesteckt, für den uns der gliederbiegende, beinwerfende Chorus der Tanztruppe Gewähr genug bietet, zusammengehalten von jener Balance aus Lust und Hingabe, Spiel und Technik, Verwandlung und Enthüllung, wie sie vor den goldenen Gigantenhänden das selbstvergessene Spiel mit der Stabpyramide zeigt. Wie mag die Nummer sich im gleißenden Bühnenlicht ausnehmen? Das nächste Mal gehe ich von vorn in den Palast.

Der Theaterliebhaber Friedrich Dieckmann lebt als Schriftsteller und Essayist in Berlin

Design für die Sinne.

Das neue Hotel in Berlin
Am Gendarmenmarkt
+49(0)30/20375-0

Ein Select-Hotel der Dorint-Gruppe

DER ENGEL TINGEL-TANGEL

Es balzt und reibt sich. Um Gottes Willen dient der Tanz der Paarung, auch im Tingeltangel. Rolf Schneider über die Kulturgeschichte der Revue: Nostalgische Gedanken, der Zukunft zugewandt

T anz ist ritualisierte Bewegung. Der Tänzer nähert sich durch vorgegebene Bewegungsabfolgen seinem Gott. Die Ergriffenheit kann durch den Tanz gesteigert werden bis zur Trance.

Tanzschritte sind Kopien der Natur. Das Balzverhalten von Vögeln zum Beispiel. Etwa beim Flamenco, der schon mit seinem Namen an Bewegungen des Flamingos anlehnt. In der religiösen Beschwörung von Fruchtbarkeit ergibt sich eine enge Berührung mit der Sphäre des Sexuellen.

Sie ist der andere Inhalt des Tanzes und ist dies zumal in jenen Regionen, die das Christentum beherrscht, als die einzige Weltreligion, die den Tanz aus ihrer sakralen Praxis ausgrenzte und auch sonst gerne verwarf. Schon der Apostel Paulus mißtraute allem Orgiastischen, dessen eindeutig sexuelle Grundierung genau wahrgenommen und mit missionarischem Eifer bekämpft wurde.

Aber Paulus hat den Tanz nicht vernichten können. Er war jetzt bloß völlig der profanen Welt überlassen und diente fast ausschließlich diesseitigen Zwekken. Ganz kam ihm seine alte Disposition nicht abhanden. Bei Aufständen wider die christliche Orthodoxie, also Ketzerbewegungen, ereigneten sich häufig Ausbrüche religiös-tänzerischer Begeisterung.

Im übrigen blieb, von Klerikern mißtrauisch beäugt, der Tanz ein verbreitetes Freizeitvergnügen und der Hauptinhalt weltlicher Feste. Es gab Kriegstänze und Arbeitstänze, als Einstimmung auf den einen wie den anderen Inhalt oder als Erinnerung eben daran; sie standen in Bedeutung und Zuspruch weit zurück hinter jenen Tänzen, deren einziger Zweck und Inhalt die Partnerwahl war. Von der Brautschau und der Brautwerbung bis hin zur simulierten Kohabitation imitieren Volks- und Gesellschaftstanz mehr oder minder stilisiert sämtliche Formen der menschlichen Liebesbegegnung, signalisieren und befördern sie oder bereiten sie vor. Öffentliche Tanzveranstaltungen sind Liebesmessen. Die dampfende Sexualität heutiger Diskotheken und Love Parades ist unübersehbar.

Es gibt zwei verschiedene Arten der Teilhabe am Tanz, die ihrerseits zurückgehen auf die religiösen Ursprünge: die Integration möglichst aller in das Tanzgeschehen und die strenge Zweiteilung in Akteure und Publikum. Die erste Form erscheint als die (wenn man denn will) demokratischere, wiewohl es sie schon in vordemokratischen Zuständen gab; die zweite gründet auf die Existenz einer Priesterschicht, privilegiert, der Gottheit besonders nahe zu kommen eben durch den Tanz. Den Zuschauern die mindere Beteiligung und der niedrige Rang zufällt. Die Zweiteilung blieb bis in säkulare Zeiten, doch die Ränge kehren sich jetzt um. Nunmehr ist gesellschaftlich privilegiert, wer zusehen darf, während die Tänzer zu bezahlten Dienstleistern absinken.

Wir befinden uns im Zeitalter der Renaissance. Durch die erfolgreiche kirchliche Reformation und die Wiederentdeckung der heidnischen Antike entstehen neue Lebensgewohnheiten und ein neues Selbstverständnis. Der Mensch ist nicht länger namenloses Glied einer gottgegebenen irdischen Ordnung, sondern jemand, der seine Individualität und seinen selbstverständlichen Anspruch an das Dasein behaupten darf. Der Omnipotenzanspruch der apostolischen Kirche geht zurück. Die Fürstenhöfe zunächst in Italien, später im übrigen Europa entwickeln und pflegen eine eigene säkulare Kultur mit Anleihen beim Kunstbetrieb der Antike. Die Oper entsteht und das Ballett. Dessen Figuren sind abgeleitet von höfischen und bäuerlichen Gesellschaftstänzen und erreichen bald eine eigene Ästhetik mit einer besonderen, auf sich selbst bezogenen und aus sich selbst entwickelten Formensprache. Ballette erzählen Geschichten. Es sind überwiegend Liebesgeschichten, oder Liebesge-

schichten sind fast immer dabei. Der Pas de deux als Herzstück aller klassischen Ballettkunst ist choreographierte Paarbeziehung.

Der Pas de deux ist ein solistischer Vortrag. Daneben tanzt im klassischen Ballett das (überwiegend weibliche) Ensemble. Die offensive Hinwendung zum Publikum und der aus Gründen der Bewegungsfreiheit kurze Rock, das Tutu, boten in Zeiten, da Frauenbeine aus Keuschheitsgründen streng verhüllt blieben, eine unabweisbare sexuelle Stimulanz. Ballettaufführungen waren so etwas wie Erotikmessen und wurden entsprechend genutzt. Die Pariser Oper im 19. Jahrhundert zeigte Balletteinlagen vornehmlich zu dem Zweck, den männlichen Angehörigen der Herrschaftsschicht, die in ihren Logen soupierten, eine erotische Animation und Musterschau zu liefern. Die Herren schickten alsbald ihre Kutschen zum Bühneneingang, um die Tänzerin ihrer Wahl abzuholen. Das Ballett war da nicht viel mehr als eine ästhetisch angehobene Variante des Bordellbetriebs.

Die französische Oper im 19. Jahrhundert hatte ein vorwiegend aristokratisch-großbürgerliches Publikum. Die Große Revolution, mit der das Jahrhundert anhob, beförderte nicht nur die Bourgeoisie, sondern ebenso das Kleinbürgertum und das Plebejat. Beide Schichten bestanden auf einer eigenen Art von gesellschaftlicher Vergnügung und schufen sie sich; den Bällen der großen Gesellschaft stellten sie die Veranstaltungen der kommerziellen Tanzpaläste zur Seite, statt großer Oper gab es jene auch Cabaret genannten Vergnügungsetablissements, in denen zu Abendmahlzeiten ein musikalisch-tänzerisches Programm ablief.

Dessen Ursprung war die sogenannte Revue de fin d'année, ein jeweils zum Jahresende aufgeführtes Spektakel, das seinerseits dem Jahrmarktstheater des 18. Jahrhunderts entsprang. Eine Tanzdarbietung, die es bald zu außerordentlicher Beliebtheit brachte, hieß Cancan;

sie geht auf den spanischen Fandango zurück und war, als Quadrille parisienne, zunächst ein in den öffentlichen Ballsälen populärer Gesellschaftstanz; schließlich gab es ihn nur mehr als Schaudarbietung weiblicher Tänzerinnen, ausgeführt mit zum Publikum hin gehobenen Röcken und bestehend aus demonstrativen Beinschwüngen und Spagatsprüngen. Die erotische Ani-mation war so direkt, daß ein öffentlicher Skandal unausweichlich wurde, es gab Verbotsandrohungen, was der Sache zusätzliche Publizität bescherte. Die Rezeption durch Jacques Offenbach, in der Operette „Orpheus in der Unterwelt", machte den Cancan am Ende kunstfähig, und die Lithographien von Toulouse-Lautrec besorgten ein übriges.

Cancan war Selbstzweck. Hier gab es nicht mehr, wie noch in der Oper oder auch in der Operette, eine durchgehende Handlung, die der Tanzdarbietung als Rahmen oder Grundlage diente. Jetzt wurden einzelne Nummern in loser und austauschbarer Folge aneinandergefügt, wechselnd mit anderen Darbietungen zumeist musikalischer Art, gelegentlich auch verbunden durch eine gesprochene Conférence. Die theatralische Form, die schließlich aus alledem entstand, war die Revue.

Sie hat sich zumal in Paris bis heute gehalten. Es gab oder gibt immer noch die großen Etablissements Moulin Rouge, Folies Bergères und Casino de Paris, wo zu sündhaft teuren (und ziemlich schlechten) Abendmahlzeiten ein großes Programm abläuft, dessen Hauptakteure das Girl-Ballett stellt. Zwar wird Cancan nur noch ausnahmsweise getanzt, auch die Musik orientiert sich längst schon an der heutigen Popularmusik, doch die erotische Animation blieb erhalten, nur daß statt entblößter Beine und Schöße nunmehr der blanke Busen dargeboten wird.

Die Revuen sind prächtig ausgestattet. Ein wichtiges Requisit bildet die bunte Straußenfeder. Die Girls müssen groß, langbeinig und gut gewachsen sein. Ihre Darbietungen erschöpfen sich zumeist in chorischen Bewegungsabläufen, die ihre Herkunft aus Quadrille und Cancan ahnen lassen. Die berühmteste Truppe sind die Bluebell Girls. Es gibt thematische Zuordnungen einzelner Revuebilder oder auch der gesamten Revue, mit jeweils entsprechender

Ausstattung. Artistische Darbietungen können eingefügt werden, oder die gesamte Revue dient nur zur Präsentation eines einzelnen musikalischen Stars. Varianten dieses von den großen Etablissements gepflegten Grundmusters sind die Transvestitenrevuen und die Vorstellungen des Crazy Horse Saloons im VIII. Arrondissement, die reine Nacktrevuen bieten.

Die angelsächsischen Einflüsse bei alledem lassen sich schwerlich übersehen, wie seinerseits der Pariser Revuebetrieb das angelsächsische Entertainment beeinflußt hat, einschließlich der dortigen Ballettdarbietungen.

Die Stätte des plebejischen Amüsements in Großbritannien war die Music Hall. Es gab sie bald auch in den USA in Gestalt der während des 19. Jahrhunderts populären Minstrel Show. Erotische Animationen gehörten hier wie dort zum festen Repertoire und waren ähnlich wie in Frankreich der Versuch, der Prüderie der offiziellen Gesellschaftsmoral zu begegnen. Berühmte Entertainer, wie Charles Chaplin, wechselten zwischen England und den USA, und wie es in Paris Berührungen zwischen Cabaret und Operette gab, existierten bald auch im Angelsächsischen Übergänge zwischen Operette und Music Hall. Produkt wurde das Musical.

Der angelsächsische Promoter moderner Girltruppen war Flo Ziegfeld (1867–1932), ein amerikanischer Theaterimpresario, der berühmt wurde als Anbieter von Varietéprogrammen während der Weltausstellung in Chicago 1893. Er war Manager zahlreicher Unterhaltungskünstler und unterhielt ab 1907 in New York ein eigenes Revuetheater, „The Follies", später auch „The Ziegfeld Follies"; allein durch seinen Namen machte es das Pariser Vorbild kenntlich. Die hier tanzende Balletttruppe hieß „The Ziegfeld Girls" und überlebte ihren Gründer; sie wurde zu einem maßgeblichen Vorbild aller späteren Girltruppen.

Auch in Deutschland. Hier entwickelte sich das öffentliche Entertainment, nicht anders als anderswo, aus den populären Jahrmarktsdarbietungen und zog mit dem Anwachsen der Städte und der Herausbildung eines massenhaften Kleinbürgerpublikums bald in feste Häuser. Berlin besaß im Jahre 1922 die unglaubliche Zahl von 170 Unterhal-

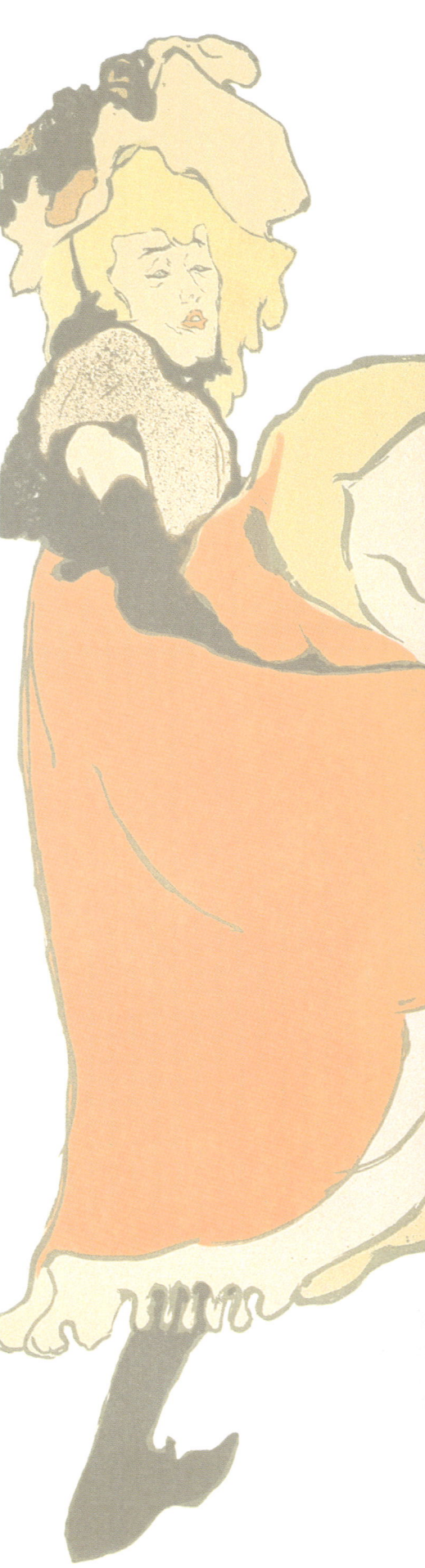

Der Schriftsteller Rolf Schneider lebt in Schöneiche bei Berlin

tungsbühnen, davon 23 mit mehr als 1.000 Plätzen; die berühmtesten Häuser hießen Apollo-Theater, Großes Schauspielhaus, Scala, Plaza und Wintergarten. In Wien hieß das entsprechende Haus Ronacher. Tänzerische Darbietungen waren hier wie dort immer dabei.

Es kam der Name Tingeltangel dafür auf. Die Ausrichtung nach Pariser und angelsächsischen Vorbildern erfolgte frühzeitig. Eine erste hochberühmte Girltruppe waren die Barrison Sisters, fünf an der Zahl; sie hatten, wie Ziegfeld, bei der Weltausstellung in Chicago debütiert und kamen schließlich an den Berliner Wintergarten, wo sie mehrere Jahre mit außerordentlichem Erfolg gastierten.

Eine europäische Girltruppe direkt nach Ziegfelds Vorbild gründete der Engländer John Tiller. Seine Mädchen sollten „in Größe, Gestalt und Erscheinungsweise möglichst gleich sein", schreibt Varietéhistoriker Wolfgang Jansen. Tiller „entindividualisierte die einzelnen und schuf somit einen aus mehreren Gliedern bestehenden, doch ganz einheitlichen Tanzkörper. (...) Kein einheitlicher Wille prägte ihre Erscheinung, kein Einzelinteresse wurde ausgedrückt, sondern das Ensemble schien von einem unwiderstehlichen Gesamtwillen, dem die partikularen Teile fraglos gehorchten".

Die Truppen waren anfangs klein und bestanden nur aus fünf oder sieben Girls. Später konnten sie bis zu 36 Tänzerinnen haben. In Deutschland waren ihre große Zeit die Zwanziger Jahre, mit den Ausstattungsrevuen von Hermann Haller und Eric Charell, „Ich bin die Marie / Von der Haller-Revue", hieß es in einem sozusagen selbstreferentiellen Schlager, der keinesfalls nur bei der Haller-Revue gesungen wurde. Flo Ziegfeld hatte sich auch als Manager des amerikanischen Stummfilmkomikers W. C. Fields betätigt. Später produzierte er die ersten Musicals von Jerome Kerne und Oscar Hammerstein und stand mit seiner Person für die engen Verbindungen zwischen Broadway und Hollywood. Die Ausstattungsrevue mit großer Girltruppe gehörte bald schon zu den bevorzugten Spielarten des Tonfilms, deren erster, „The Singing Fool", bereits im Milieu der Minstrel Show spielte. Es gab Revuefilme in den USA wie in Deutschland. Aus den

Kinos wanderte das Genre anschließend in das neue Medium des Fernsehens, wo es als große Show mit oder ohne Saalpublikum abläuft. Girltruppen sind unverzichtbar dabei. Es gab eigene Fernsehballette in der alten Bundesrepublik wie auch in der DDR. Das aus der DDR hat den Zusammenbruch des ostdeutschen Staates überlebt und steht heute in Diensten einer öffentlich-rechtlichen Anstalt. Von den großen Varietébühnen der Zwanziger Jahre existiert keine mehr. Varieté in Berlin oder anderswo im Land ist eine eher intime und ziemlich nostalgische Veranstaltung, auf prunkvolle Ausstattung und große Girltruppe muß es verzichten. Lediglich der Berliner Friedrichstadtpalast verfügt noch über ein eigenes großes Ballett. Die Bewegungsabläufe der klassischen Girltruppen zeigt es nur mehr unter anderem, statt dessen tanzt es große Choreographien, die sowohl Elemente des klassischen Balletts wie des Jazz Dance oder auch des Modernen Tanztheaters verwendet. Die Mitglieder sind nicht mehr ausschließlich, doch überwiegend Damen und müssen eine entsprechend solide Grundausbildung mitbringen. Auch die erotische Animation ist deutlich zurückgenommen und erscheint überwiegend stilisiert. Wie sollte sie auch noch greifen in einem Zeitalter, da Pornographie an jedem Zeitungskiosk erhältlich ist.

Mit den Girltruppen verbindet sich ein Stück Kulturgeschichte. In einem sehr erfolgreichen Musical, „A Chorus Line", haben sie sich selbst ein Denkmal gesetzt.

Frank Wedekind gehörte mit seiner „Lulu" zu jenen, die das Milieu des Entertainment für die Hochkultur nutzbar machten (ein anderer war Ödon von Horvath mit „Geschichten aus dem Wiener Wald"). 1897 schrieb Wedekind ein Gedicht mit dem Titel „Tingel-Tangel", dessen letzte Strophe wie ein vorweggenommener Nachruf aus heutiger Perspektive klingt:

Saht ihr einen süßen Engel
Je zu eurem Zeitvertreib,
Als ein hübsches Tangel-Tengel-
Tingel-Tongel-Tungel-Weib? (...)
Lang noch hallen tiefgestöhnte
Liebesklagen ringsumher;
Doch umsonst, das heißersehnte
Mädchen kokettiert nicht mehr.

Erste unter
Gleichen:
Solotänzerin
Susan
Malinowski

Für eine
Ballettänzerin
fing sie erst
spät mit dem
Tanzen an.

EIN TAG IM LEBEN EINER TÄNZERIN

Heute ist die
Bühne ihre
Welt. Benno
Kroll erzählt
den Alltag einer
Solotänzerin
am Friedrich-
stadtpalast
zwischen nächt-
lichem Soul
und dem
beseelten Tanz

Susan ganz oben
Die Ballerina auf dem Dach des Friedrichstadtpalastes

**8 Uhr 45:
Aus dem Tunnel
in den Tingel**
Der morgend-
liche Arbeitsweg
der Susan
Malinowski

**9 Uhr 25:
Spannen,
Strecken,
Dehnen**
Das tägliche
Training
beginnt

**10 Uhr:
Geplaudert wird
selten,
gelacht kaum**
Gemeinsame
Konzentration
und Entspannung
im Ballettsaal

**11 Uhr:
Vom Sweatshirt
in den Flitter**
Als Solotänzerin
darf Susan
endlich über ihre
Kostüme
mitbestimmen

**12 Uhr:
Mensch sein in
der Kantine**
„… aber nichts
essen, damit sie
für den Partner
leicht bleibt wie
ein Blatt im
Wind"

**18 Uhr:
Ich schau mir
in die Augen**
Wo Ausstrahlung
gottgegeben ist,
darf Kosmetik
sich bescheiden

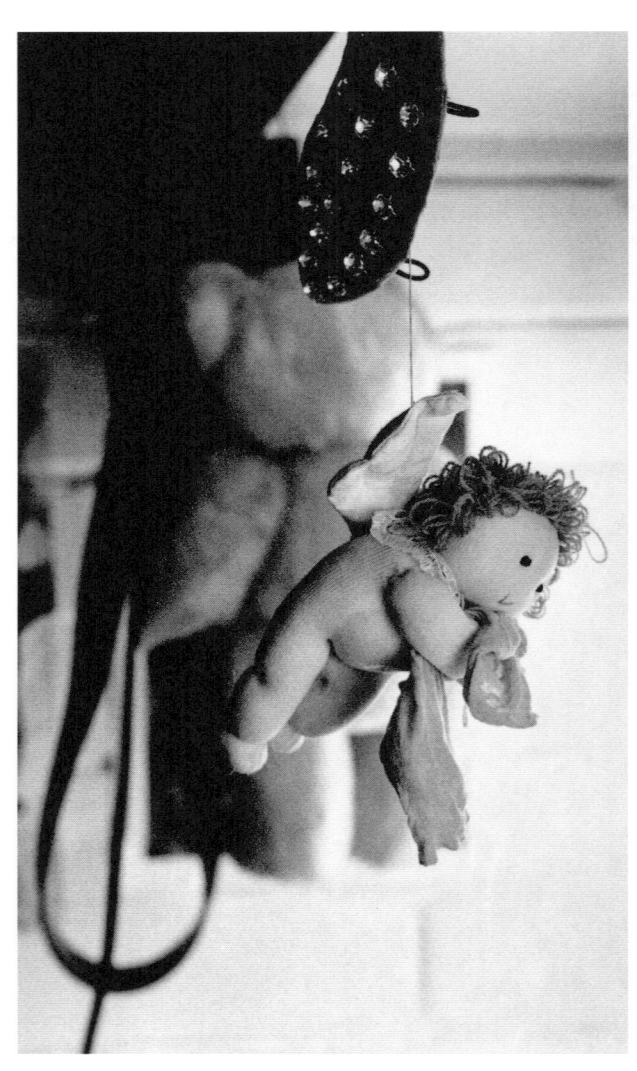

**Nach 20 Uhr:
In den Himmel
gehoben**
Seit vier Jahren
tanzen sie
gemeinsam an
der Rampe,
Susan und ihr
Partner Duru

**Bretter,
die die Welt
bedeuten**
Berührung,
Begabung,
Passion - am
Ende entscheiden
Wille und
Disziplin über
den Weg
nach oben

er Morgen

Wenn bei Susan Malinowski um 7 Uhr 30 der Wecker klingelt, dann spielt noch die Musik. Denn sie schläft bei Musik. Meist ist es ein schwarzer Sänger, der sich in ihre erwachende Gefühlswelt schmeichelt, und oft ist es der, der sie fünf Stunden zuvor in den Traum sang. Susan liebt Vivaldi. Doch ihrem Lebensgefühl entspricht die melancholische Musik der Schwarzen, vor allem der Soul. Soul heißt Seele, Soul beseelt sie. Also hört sie den expressiven Sound, wann immer es möglich ist, jetzt zum Beispiel, während sie mit einer Cola noch einmal ins Bett geht, eine halbe Stunde später beim Zähneputzen, dann unter der Dusche, danach beim Anziehen. Da ihr im „Palast" vom Training am Morgen bis zur abendlichen Show das Metrum der Revuemusik die Schritte lenkt, mag sich manch einer fragen, ob eine Tänzerin, die mit Musik lebt wie eine Wäscherin mit der Seife, von Musik nicht manchmal genug hat? Nein, Susan nicht. Denn Musik ist ihr Privatleben. Ein anderes hat sie nicht.

Der vor ihr liegende Tag ist, wie gestern, wie morgen, eine Zwölfstundenfron unter dem Joch ihres Berufs. Es beginnt schon damit, daß sie nicht frühstückt. Bis nachmittags um drei ißt sie allenfalls einen Apfel oder eine Banane. „Wenn ich esse, werde ich müde", erklärt sie. Alles, was sie von nun an tut, die Cola im Bett, das lange heiße und kalte Duschen, dient dem Zweck, wach zu werden, den Kreislauf anzuregen, die Muskeln zu lockern, die Reaktionszeiten zu verkürzen, die Gehirnströme zu beschleunigen – überwach zu sein. Gewiß gibt es Tage, an denen ihr das mißlingt. Selten sind es die Tage nach einer langen Nacht. Meist sind es Tage, an denen die Trauer um die Mutter sie gefangenhält. Ihre Mutter starb mit 46 Jahren im Februar 1998 in Schwerin, wo Susan geboren wurde und ein glückliches Kind war. Wenn der Tag mit Erinnerungen beginnt, dann blickt Susan bekümmert durch die Fenster ihrer Dachwohnung auf die Dächer Tempelhofs und denkt an den Vater, der über den Tod seiner Frau nicht hinwegkommt, und an den Bruder, der die Mutter noch gebraucht hätte. An solchen Tagen fürchtet sie den Abend im Theater. Doch sie schafft es immer. Sie entfesselt ihre schmerzgelähmten Energien mit der Strenge ihrer Disziplin. Sie hat in der Revue „Joker" 339mal getanzt, Tag für Tag, außer montags, und samstags zweimal, egal, wie ihr zumute war. Aber selbst der spielfreie Montag gehört nicht ihr, sondern ihrem Publikum. Montags frischt sie ihren ausgelaugten Körper in der Sauna auf, damit er von Dienstag bis Sonntag wieder hergibt, was das Publikum und sie selbst ihm abverlangen.

Um 8 Uhr 45 verläßt sie die Wohnung und geht zum U-Bahnhof Alt-Tempelhof. Sie ist nicht geschminkt. Aber mit 176 Zentimetern Größe, die bei ihren 52 Kilo Ebenmaß aufragen wie eine junge Silberpappel, mit ihrem langen, dunklen Haar und den tiefbraunen Augen fällt sie jedem Passanten auf. Sie erwidert die Blicke nie, sie sieht sie gar nicht. Sie ist erst 25, aber der sublime Ernst in ihren blassen Zügen zeugt von vollendeter Reife. Sie trägt meist knöchellange Röcke, teure Pullis in satten Farben, aber selten Jeans und nie einen kniefreien Rock, nie eine dekolletierte Bluse. Sie kleidet sich elegant, aber so schlicht, als wollte sie sich aus dem Straßenbild wegretuschieren. Doch ein Ballettfan erkennt die Tänzerin an ihrem Gang: Susan schreitet mit weit nach außen gespreizten Füßen. Auf der Bühne ist das die Erste Position des klassischen Balletts, auf der Straße jedoch, in den modisch-derben Schuhen, die Susan bevorzugt, eine etwas watschelnde Gangart. Susan fährt 20 Minuten mit der U-Bahn bis Oranienburger Tor, den Blick beharrlich in ein Buch gesenkt und froh, wenn ihr, wie oft zu dieser Stunde, fast nur Frauen gegenübersitzen.

er Vormittag

Um 9 Uhr 10 betritt sie im Theater ihre Garderobe, einen engen, an einer Wand verspiegelten, mit Fotos dekorierten und mit Kostümen verhängten neonbeleuchteten Raum, den Susan sich mit einer Kollegin teilt. Als sie 1995 zur Solotänzerin aufstieg, durfte sie aus dem Garderobensaal der Girltruppe ausziehen. Vor ihrem neuen, intimeren Umkleideraum steht nun ihr Name an der Tür. Den meisten Bühnenkünstlerinnen gilt der Name an der Garderobentür so viel wie dem Politiker das Verdienstkreuz. Doch Susan erklärt, sie habe sich mehr über das Namensschild an ihrer Wohnung gefreut. Denn ehe sie ihr Tempelhofer Zweizimmerheim bezog, wohnte sie in Berlin möbliert und mußte sechsmal umziehen. Jetzt schaltet sie zuerst ihren Kassettenrecorder ein: Black Music, so laut, daß die Wände beben. Dann zieht sie ihr Trainingszeug an: ein royalblaues Sweatshirt mit Kapuze, schwarzes Trikot, schwarze Schwitzhosen, blaue Schläppchen. Sie kämmt ihr Haar streng an den Kopf, flicht es am Hinterkopf zu einem Knoten und geht um 9 Uhr 25 zum Aufwärmen in den Ballettsaal. Sie läuft auch jetzt

Sonne und Schatten
Die Tänzerin auf der Brücke - wie viele möchten mit ihr tauschen?

In Leipzig bewarb sie sich um einen Studienplatz an der Ballettschule. Sie bestand die Aufnahmeprüfung, auch den Eignungstest, aber nicht die ärztliche Untersuchung. Beim Röntgen stellte sich heraus, daß sie als Folge der ungleichen Beinlänge an einer „Skoliose" leidet, das ist eine dauerhafte Rückgratverkrümmung. Der untersuchende Arzt nannte Susan eine „Halbinvalidin". Nicht mal Verkäuferin könne sie sein, sagte er, ihr malader Körper würde das lange Stehen nicht durchhalten. Die Schule wies sie ab. Doch Susan gab nicht auf. „Ich kann nicht aufgeben", betont sie. Nun bewarb sie sich in Dresden an der berühmten Palucca-Schule. Dort schaffte sie wie in Leipzig die Prüfungen – und diesmal auch den medizinischen Test, denn sie täuschte den Arzt: „Ich kannte meine Wirbelsäulenverbiegung mittlerweile. Als ich geröntgt wurde, hielt ich mein Becken so, daß die Wirbelsäule auf dem Bild gerade erschien." Rund hundert Bewerberinnen hatten sich um einen Studienplatz beworben. Zehn nahm die Palucca-Schule auf. Eine war Susan Malinowski.

Die meisten Tanzeleven beginnen die Lehre schon mit zehn und studieren acht Jahre. Nur dann, sagen Experten, könne sich ein Kind in die Technik des Tanzes hineinleben. Der verstorbene russische Tanzpädagoge Tarassow jedoch verwies in seinem Lehrbuch über klassischen Tanz, einem Standardwerk, auf „besonders Begabte, die erst mit vierzehn, sechzehn den Unterricht aufnahmen und zu ausgezeichneten Tänzern wurden". So eine ist erwiesenermaßen Susan, die nur drei Jahre lernte, aber länger ausgebildete Kolleginnen am Palast überflügelte.

Um 10 Uhr beginnt im Ballettsaal für die Hälfte aller 64 Tänzerinnen und Tänzer das Training. Es herrscht eine sachliche Atmosphäre, kaum daß geplaudert wird, selten ein Lachen. Die meisten stehen vor den Spiegelwänden. Susan und drei andere Solisten, unter ihnen der Rumäne Duru Constantini, der beim Pas de deux ihr Partner ist, stellen sich in der Saalmitte am Barren auf. Sie warten in lockerer Haltung auf die Weisungen des Ballettmeisters. Dann sein Kommando: „Relevé!"

mit gespreizten Füßen, aber in Schläppchen wirkt es, als schwebe sie.

Der Ballettsaal ist ein tennisplatzgroßer, wandhoch verspiegelter, hoher Saal mit einer Reihe kleiner Fenster und einer Bahnhofsuhr unter der Decke. Etwa 30 Tänzerinnen und Tänzer, viele gähnend, wärmen sich hier eine knappe Stunde auf: Susan betrachtet sich kritisch im Spiegel. Doch was sie dann tut, könnte sie in den Rollstuhl bringen. Denn das Beugen, Krümmen, Spannen, Strecken, Dehnen, ja Überdehnen ihres ohnehin gertenartig gewachsenen Körpers auf dem Parkett, an der Stange, am Barren, das Rotieren des Oberkörpers über steifen Hüften, der Spagat im Grätschsitz, mal seitwärts, mal vorwärts, das klappmesserartige Einknicken des Rumpfes über gestreckten Beinen, über Beinen zudem, die selbst bei angespannter Muskulatur so grazil sind, daß ein Model vor Eifersucht erblassen müßte, all diese Übungen, durch die Susan ihre Temperatur befeuert, ihre Spannkraft härtet, ihre Instinkte weckt, ihre Geschmeidigkeit entfacht und damit auch ihre Herzenswehmut beschwichtigt – hat ihr einst der Arzt verboten. Nicht irgendein Arzt, sondern ein Fachmediziner des Balletts.

Ihr Leben hatte im Gipsbett begonnen. „Als ich geboren wurde, war das linke Bein wesentlich kürzer als das rechte", erzählt sie. „Ich lag die ersten drei Jahre im Schienenkorsett. In ihm wurde mir mein linkes Bein sozusagen aus der Hüfte gezogen." Dessenungeachtet entschloß sie sich mit fünfzehn, Tänzerin zu werden. Sie ging nach der zehnten Klasse von der Oberschule.

Die Pianistin paraphrasiert eine tänzerische Musik. In dieser Sekunde verwandelt sich Susans langgliedriger Körper in ein Kunstwerk. Sie nimmt nur die gewünschte Haltung ein, steht also starr, keine Geste, ihre Miene ist gesammelt, und dennoch vermittelt sie das Gefühl, daß ihre Ausdruckskraft explodiert. Zum erstenmal an diesem Tag wächst ihr diese gottgegebene Ausstrahlung zu, durch die ihr Körper eine andere Existenz annimmt. Wenn sie etwa auf flachem Fuß das Standbein streckt, säulenartig, wenn sie das Spielbein nach außen stellt und anhebt, das Knie beugt, den Fuß nach unten spannt, die Fußspitze aufsetzt, weit die Arme öffnet, mit der einen Hand die Stange faßt und die andere schweben läßt wie eine Schwalbe im Gegenwind, dann vollführt sie in großer Anmut exakt dasselbe wie alle ihre Kolleginnen. Und dennoch sieht es bei ihr anders aus. Von nun an wirkt ihre Haltung, wirken jede Pose, jede Geste, jeder Schritt, jeder Sprung und der empfindsame Ernst in ihrem schmalen Antlitz wie das Sichtbarwerden einer ungewöhnlich schönen Seele.

Sie hatte nie getanzt, bevor sie zur Ballettschule ging. Aber der Tanz hatte sie berührt. „Es muß in meiner frühesten Kindheit gewesen sein", erzählt sie, „da habe ich einen Spitzentanz gesehen, ich weiß nicht mehr, wann und wo. Die Zeit ging darüber hinweg. Aber es blieb eine Erinnerung an etwas Edles, sehr Ästhetisches." Später hatte sie eine drei Jahre ältere, schöne Freundin, deren Lebensziel es war, am Schweriner Theater Tänzerin zu werden. Die sagte eines Tages zu ihr: „Du, Susan, streck doch mal das Bein. Beuge es. Hebe den Arm!" Und dann sagte sie: „Weißt du überhaupt, wie begabt du bist? Du mußt zum Ballett!" Die Anregung änderte Susans Lebensplan. Sie hätte das Abitur gemacht und studiert, hätte die Freundin nicht eine schlummernde Sehnsucht in ihr geweckt. Jetzt wollte sie Tänzerin werden. Und wurde es. Ihre Freundin jedoch, mit der sie damals auf Premierenpartys und in die Disco ging und die auch heute noch ihre Freundin ist, schaffte es nicht. Sie arbeitet am Schweriner Theater, dem sie sich nun mal verschrieben hat, als Souffleuse.

„Ruht euch einen Moment aus!" ruft der Ballettmeister nach einer halben Stunde. Susan legt ein gestrecktes Bein auf die Barrenstange und beugt ihren Oberkörper darüber, bis er mit dem Bein verschmilzt. So verharrt sie. Das ist ihre Art zu ruhen. Drei Minuten später ziehen die Tänzerinnen und Tänzer den Barren weg, stellen sich im Saal auf, und der Ballettmeister tanzt ihnen vor dem Spiegel vor. Er ist einen guten Kopf kleiner als Susan, Brillenträger, aber sie respektiert ihn wie ein Fußballer den Trainer. Sie tanzt bereits die Einweisung mit und dann mit allen gemeinsam auch die befohlene Figur. Es ist kein Strebertum, das sie mehr tut als getan werden muß. Es ist sichtlich die Lust am Tanz, die sie mittlerweile gepackt hat.

Um 11 Uhr ist ihr Training zu Ende. Nun trainiert die andere Hälfte der Tänzerinnen und Tänzer. Dann geht Susan zur Anprobe neuer Kostüme in die Theaterschneiderei. Oder sie bringt dem Schuster des Theaters

ihre nach wenigen Tagen stets abgetanzten Schuhe. Gegen Ende einer Spielzeit studiert sie in dieser Vormittagsstunde mit ihrem Partner Duru unter der Regie eines Choreographen die Tanzparts für eine neue Revue ein. Aber wenn all das nicht ansteht, dann nimmt sie auch an der zweiten Trainingsstunde teil. Denn: „Das ist besser als eine Pause zu machen und schläfrig zu werden."

Der Mittag

Um 12 Uhr geht Susan duschen. Dann wechselt sie in ihrer Garderobe bei lauter Soulmusik das durchgeschwitzte Sweatshirt gegen ein anderes, legt auch die Schwitzhose ab und zieht eine weit geschnittene, lange Hose an. Um 12 Uhr 15 ist sie mit allen Mädchen der Girltruppe auf der Bühne. Sie hat in ihrem Vertrag, daß sie, obgleich sie Solistin ist, einmal in jeder Vorstellung mit dem Corps de Ballet tanzen muß. Bei einem 64köpfigen Ballettensemble kommt es fast täglich vor, daß eine fehlt, und so steht auch für Susan die „Umstudierungsprobe" an. Also stellt sie sich, jäh anonym, irgendwo in der Tiefe der riesigen Bühne in die lange Reihe der Girltruppe und blickt in das Dunkel des leeren Hauses. Susan ist Solistin und als Solistin erste Besetzung, aber ein Bühnenstar ist sie nicht. Der Star des Friedrichstadtpalastes ist die in Europa einmalige Massierung langbeiniger, glamouröser, hochbegabter, klassisch geschulter, in Körperreflex und Mienenspiel gedrillter junger Frauen: das Ballett. Dessen Showtänze werden vom Publikum nicht selten hymnisch gefeiert. Susan erkennt im bleichen Widerschein der Bühnenbeleuchtung auf den vorderen Plätzen die um dessen Fortdauer besorgten Urheber dieses Triumphes: den Ballettdirektor oder seinen Stellvertreter, Assistenten, Korrepetitoren und gelegentlich auch den Intendanten Alexander Iljinskij. Auf der Bühne lenkt eine Choreographin die Umgruppierung der Formation. Und Susan fühlt sich an die Zeit vor fünf Jahren erinnert, als sie dem Ballett noch

ganz angehörte und zum erstenmal auf dieser Bühne stand. Nur, daß ihr heute das Herz nicht mehr bis zum Hals klopft.

Damals bekam sie am Palast ihr erstes und bislang einziges Engagement. Die Palucca-Schule hatte ihr empfohlen, es am Palast zu versuchen. Für die Ballettensembles städtischer Bühnen, an denen die Tänzerinnen selten mehr als 1 Meter 65 messen, war Susan zu groß. Doch an den Repertoire-Theatern ist das Leben im Ballett leichter, die haben nur ab und an einen Ballettabend auf dem Spielplan, während der Berliner Palast en suite spielt und die Darsteller Tag für Tag fordert. Nicht nur deshalb hatte Susan nach einem Jahr kündigen wollen. Sie mochte auch die Kostüme nicht, die sie tragen mußte. Der Flitter war ihr zu schräg, zu schrill, sie schämte sich, wenn die transparenten Trikots ihre Brüste entblößten. Doch dann wurde die berühmte Choreographin Irene Mann Ballettdirektorin. Die sagte zu ihr: „Dich baue ich auf. Du bist meine nächste Solotänzerin." Da blieb Susan. Irene Mann gab ihr – „von heute auf morgen" – schwierige Soloparts. „Es war ein Risiko für Frau Mann", sagt Susan, „ich hatte Angst, aber ich schaffte es." Schließlich war es die größere Herausforderung, die sie bleiben ließ. Auf den Zuschnitt ihrer Kostüme kann sie nun als Solistin Einfluß nehmen. Das heißt nicht, daß gar nichts mehr zu sehen ist. Wenn sie tanzt und die Säume der leichten Stoffe im Tanz verwehen, sieht das Publikum immer noch, wenn auch kurz, ihre makellosen Brüste. Sie ist das letzte Talent, das Irene Mann in ihrem sechzigjährigen Leben entdeckt und gefördert hat. Die beliebte Choreographin starb im Sommer 1997. Susan aber bezahlte ihren Aufstieg mit dem Verlust einiger Freundschaften, die sie in der Girltruppe gefunden hatte. Die unvermeidliche Erfahrung, daß Rivalität die Münze ist, mit der eine Bühnenkarriere bezahlt werden muß, schmerzt sie noch immer.

Der Nachmittag

Um 14 Uhr beginnt Susans arbeitsfreier Nachmittag. Sie fährt mit der U-Bahn nach Tempelhof, geht einkaufen, dann in ihre Wohnung. Es ist eine Wohnung, in der nichts auf ihren Beruf hindeutet: Keine Reliquien der Tanzbühne. Kein Farbdruck des Malers Edgar Degas, dessen impressionistische Ballettszenen in den Zimmern junger Mädchen ewig unerfüllte Träume entzünden. Keine Ballettschuhe an den Wänden. Susans Wände sind apricotfarben gestrichen und mit privaten Fotos dekoriert. Nichts könnte ihre unbefriedigte Sehnsucht nach „Privacy" deutlicher machen als diese Abkehr vom Beruflichen in der Einrichtung ihrer Wohnung. Eine Armee von Plüschtieren bevölkert sie. Das jüngste, ein großer, gelber Pluto, bekam sie vor

kurzem erst von ihrem Freund. Nun schaltet sie als erstes ihren CD-Player ein: Soul. Dann ißt sie etwas, und da sie nicht kochen kann, ist es meist etwas Kaltes. Ihr Lieblingsgericht sind seit ihrer Kindheit Spaghetti mit Tomatensoße. Sie ißt wenig. Denn: „Ich kann nicht arbeiten, wenn ich voll bin." Dann ist 15 Uhr vorbei, und Susan ist, wie sie sagt, „richtig kaputt". Sie stellt den Wecker, legt sich tief aufatmend in ihr breites Bett und schläft eine Stunde, selbstverständlich bei Musik. Danach: Aufstehen, Cola trinken, Zähne putzen, Duschen.

Der Abend

Die Vorstellung beginnt um 20 Uhr. Doch Susan ist bereits um 18 Uhr wieder im Palast. Nach dem Schminken in der Maske sitzt sie in ihrer Garderobe bei höchst vernehmlicher Musik vor dem Spiegel und verfeinert die Tintentönung ihrer Augen, die Schattierung auf ihren hageren Wangen, die Farbstriche auf ihrem hohen, fragilen Hals. Doch sie vermeidet die Verwandlung. Sie ist um eine äußerste, auf der Bühne eben noch zulässige kosmetische Zurückhaltung bemüht, so als fürchte sie, unter der Maske ihre Identität einzubüßen. Dann geht sie in den Ballettsaal. Daß sie sich dort noch einmal eine Stunde aufwärmt, hat vor allem damit zu tun, daß sie nicht wirklich solo, sondern mit ihrem Partner Duru tanzt. Mit ihm tanzt sie fast immer das Liebespaar, früher in der Revue „Joker", seither in „Elements". „Da ich mit einem Partner arbeite", erklärt sie mit einem Unterton von Besorgnis, „muß ich eine gewisse Spannung und Leichtigkeit haben. Ich würde nie auf die Bühne gehen, ohne mich vorher warm gemacht zu haben. Es ginge auf seinen Körper, wenn ich das täte."

Dann, 20 Uhr, die Vorstellung. Schwer zu sagen, ob es Lampenfieber ist, was Susan jetzt ergreift, aber es ist auch nicht das Gegenteil. Unruhe ist in ihr. Sie bedenkt ihre Tagesform. „Ich muß für die kommenden zwei Stunden in meinem Kopf zur Seite schieben, was mich bedrückt", sagt sie. „Ich lebe doch so diszipliniert, weil, sonst geht es nicht." Und: „Ich tanze sicherlich besser, wenn es mir innerlich gut geht. Aber das ist nicht der häufigere Fall." Viel hängt vom Publikum ab: „Meine Leistung steigert sich mit den Zuschauern. Wenn die Leute mir etwas geben, gebe ich zurück." Susan spricht nicht vom Applaus, wenn sie das sagt. Sie spricht von der stummen Beredsamkeit der Gesichter. Sie sieht die Gesichter im Schimmer des Bühnenlichts vorne in den ersten Reihen, wenn sie, wie so oft am Abend, mit Duru an der Rampe tanzt. Dann ist ein unsichtbares Band gewoben, das sie mit dem Publikum verbindet, und manchmal scheint ihr, als tanze auch das tausendköpfige, schweigende Tier da unten. „Doch ab und an kommt es vor", seufzt sie, „daß dort die Herren sitzen, die in ihrem Leben alles schon mal gesehen haben. In ihren blasierten Mienen lese ich: Nun los, Püppchen, zeig mal, was du kannst. Dann gucke ich den Rest des Abends nicht mehr hin. Aber Samstagnachmittags, wenn die älteren Leute da sind, halten die sich manchmal die Ohren zu, doch in ihren Gesichtern lese ich, daß ich sie beglücke." Dann genießt Susan auch den Beifall, der sich über das Tanzpaar, wenn es innehält, wie ein Sturzbach ergießt. Freilich nur dann: „Denn wenn ich weiß, daß ich schlecht war, verschließe ich gegen den Applaus meine Sinne und mein Herz. Es gibt eben Tage, an denen es läuft, und andere, an denen ich mich quäle."

Susans größte Sorge gilt ihrem Partner Duru. Vor allem seinetwegen ißt sie tagsüber so wenig. Denn er muß sie heben, wieder und wieder, mit steif gestreckten Armen. Und er muß sie fangen, so leicht, als wäre sie ein Blatt im Wind. Mit Duru tanzt sie mittlerweile seit vier Jahren. Er ist verheiratet, und Susan hat sich in all den Jahren nie privat mit ihm getroffen. Dennoch herrscht ein geradezu eheähnliches Einvernehmen zwischen ihnen. „Jeder kennt vom anderen die Gefühle", sagt sie. „Er sieht in meinen Augen, wenn irgend etwas bei mir nicht stimmt. Er gibt mir Ruhe und Sicherheit, wenn ich nervös bin. Dann hält er kurz meine Hand, und ich atme einmal durch und weiß, er ist bei mir. Umgekehrt ist es genauso. Ich helfe ihm, so sauber wie möglich zu arbeiten. Privat haben wir nichts miteinander zu tun, aber auf der Bühne sind wir verschmolzen."

Um 22 Uhr 15 fällt der letzte Vorhang. Susan schminkt sich unter der Dusche ab. Ihr Teint hat wie immer unter der Schminke gelitten. Um 23 Uhr 15 verläßt sie das Haus. Jetzt darf sie essen. Meist geht sie mit einer Kollegin in ein Restaurant und einmal im Monat zu Kempinski am Kurfürstendamm Hummer essen. Seltener trifft sie Freunde, Leute vom Fernsehen, auch einige Models. Aber mit denen ist sie nur zusammen, wenn Duru mal ausfällt und für ihn und sie selbst die Zweitbesetzungen einspringen. An norma-

len Tagen, an denen sie mit ihrem Partner auftritt, schont sie ihre Kräfte und geht nach dem Essen nach Hause. Dort wartet ohnehin ihrer Tage Höhepunkt auf sie: das allnächtliche Telefongespräch mit ihrem Freund.

Er ist Südafrikaner, Flugartist, und zwar der, der fliegt, nicht der, der fängt. Er hat den milchkaffeefarbenen Hautton vieler jener Sänger, die Susan so gerne hört. Sie lernte ihn vor fünf Jahren am Palast kennen, als er mit seiner Truppe dort engagiert war. Seitdem ist er in den USA unterwegs. Susan sieht ihn selten öfter als zweimal im Jahr: in den vierwöchigen Sommerferien und in der kurzen Januarpause. Dann fliegt sie zu ihm, oder er kommt zu ihr. In den übrigen Monaten bleibt den beiden Liebenden nur das Telefon, das nachts zwischen 2 Uhr 30 und 5 Uhr am billigsten ist.

So endet der Tag, der im Leben der Tänzerin Susan Malinowski nahezu allein der Kunst gehört, mit einigen privaten Minuten. In der Intimität der späten Stunde lebt sie wenigstens weltenfern und körperlos die Romanze, die sie mit einem anderen Mann auf Tuchfühlung allabendlich tanzt.

Der Reporter Benno Kroll („Geo", „stern" und „Playboy") lebt in Berlin

Die Primadonna lächelt Ein unsichtbares Band verwebt Tänzerin und Publikum

Das Meisterwerk.

ELEMENTS. DIE SHOW

Das Jahrtausend endet im Friedrichstadtpalast elementar. Alexander Iljinskij und Jürgen Nass haben das Buch für die Revue „Elements" geschrieben. Jürgen Nass führte auch Regie. Die Musik stammt von dem jungen Komponisten Frank Nimsgern, eigens für den Friedrichstadtpalast in Töne gesetzt. Ein Schöpfungsreigen: Frühling, Sommer, Herbst und Winter. Liebe, Leidenschaft, Eigensucht und Dunkelheit. Das Welttheater rollt

EROS

Frühlingserwachen. Liebe in Fülle mit wenig Hülle. Eros triumphiert über den Tod. Das Fleisch ist willig und Schwäche wird Stärke. Der Ruf der Sinne führt in die höchsten Höhen des Seins. Zur blauen Stunde erhebt sich das Ballett zu einem Parforceritt durch das Leben. Die Grundstimmung in diesen Bildern ist Harmonie, der Unterton hat immer eine leichte Neigung zum Lasziven. Die Liebe ist in ihrem Element

**Wenn alle
Knospen
springen**
Sandra Prauser
und Thomas
Bensch tanzen
den Pas de deux
des Frühlings

**Die unerreich-
bare Leichtig-
keit des Seins**
Die weißrussische
Artistin
Alena Serfimovich
am Ringtrapez

**Im Brunnen
vor dem Tore**
Das Wasserballett
taucht ins
feuchte Element

**Alles im
Frühling ist
wie ein
Füllhorn**
Das Ballett
beim Tanz
der dicken
Menschen-
paare

**Vom Himmel
hoch, da komm'
ich her**
Die amerikani-
sche Sängerin
Coco Fletcher,
acht Meter über
dem Boden,
beim Live-
Gesang

PASSION

dieser Sommer.
Das Feuer der Leiden-
schaft hat ein
junges, lieben-
des Paar ergrif-
fen. Von der
Priesterin mit der Gabe
des Fliegens versehen,
hebt es ab und stürzt

wie einst Ikarus mitten-
hinein in das Zentralge-
stirn. Doch aus der
Trauer der Sonnentöch-
ter um den Verlust
wird das Licht geboren.
Machtlos bleiben
am Ende die Krieger
der Finsternis

**Im Blick
vereint für die
Ewigkeit**
Alexandra Scha-
pova und René
Prauser
im Pas de deux
„Sunrise"

**Wo bist du
geblieben, mein
Geliebter**
Im Rausch der
Sinne: Alexandra
Schapova und
René Prauser

Im freien Fall am seidenen Faden
Der Artist Jens Jensen spielt den Absturz des Ikarus

EGO

Die Blätter fallen,
Herbst. Gepackt von
Gier verliert der
Mensch sein Lebens-
glück und seine Seele.
Aus echter Freude
und Sinnlichkeit wird
törichtes Nachäffen
und Götzenver-
ehrung. Der Verlust
der Menschlichkeit
führt in die Welt
des schalen Scheins.
Und nieder geht
es in die tiefsten
Abgründe der Belie-
bigkeit. Die Meduse
erhebt ihr Haupt.
Das Welttheater tritt
in sein vorletztes
Stadium. Die
Show geht weiter

**Bocksprung
mit
spitzen
Vögeln**
Der höfische
Tanz als
Sinnbild der
Dekadenz

**Triumph
des Schlangen-
körpers**
Der ukrainische
Handstand-
äquilibrist
Alexander Vele-
goscha

**Raffke
und die Hure
Babylon**
Sänger Peter
Hiller betet
das Geld
und die
Macht an

**Nur die
Liebe läßt uns
leben**
Tänzerin
Susan
Malinowski
mit Partner
Duru

**Fahr zur
Hölle, Liebling**
Peter Hiller
spielt das Ende
des Spötters

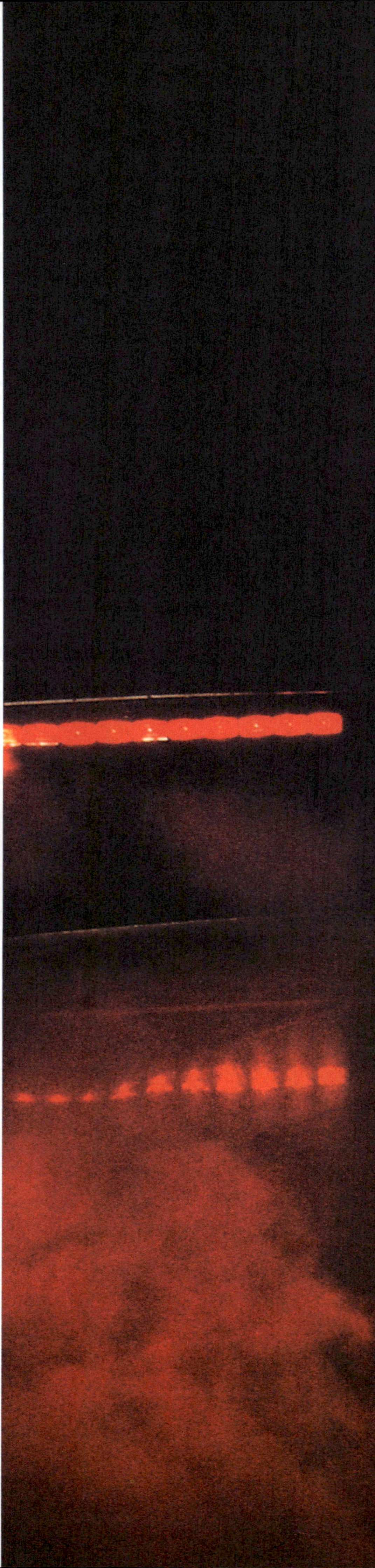

DARKNESS

Winter, Seele auf Eis. Der Commander des Raumschiffs gibt das Zeichen. Die Arche startet zu einer Fahrt durch die Hölle. Das Weltall ist eiskalt, das Leben ohne Liebe, hart und starr. Doch am Ende findet auch die Macht des Bösen ihre Meisterin. Der Liebe bleibt es vorbehalten, die Umzingelung des Eises zu durchbrechen. Das verschollene Raumschiff bricht auf zu neuen Welten. Neue Horizonte bringen neue Hoffnungen

Verstörte Botschaft aus der Raumstation Sänger John Marshall trauert einer außerirdischen Geliebten nach

Im Himmel wie auf Erden Tanz der Raumschiffbesatzung (unten), Tänzerin Eleonora Alexandrowa (rechts)

**Das Glück
im Traum vom
Fliegen**
Die russische
Sarychev-Truppe
beim
Craddle-act
am
Hochtrapez

WER MACHT WAS

bei „Elements" im Friedrichstadtpalast

Buch:
Alexander Iljinskij und
Jürgen Nass

Musik:
Frank Nimsgern

Regie:
Jürgen Nass

Choreographie:
Gail Davies-Sigler,
Birgitta Nass,
Maik Damboldt

Musikalische Leitung:
Detlef Klemm

Bühnenbild:
Bernhard Gowinkowski

Kostüm:
Andrea Kleber

Maske:
Peter Bänisch

Technische Leitung:
Henry Zabel

Lichtgestaltung:
Olaf Eichler

Stagevision:
Uwe Maaß

Ton:
Thomas Heidel,
Bertram Zillmer

Bühnenmeister:
Raimund Estermann

Laser:
Ragnar Storch

Ballettdirektion:
Roland Gawlik

Kostümdirektion:
Ingrid Böttcher

Besetzung;
Achim Kujawa

Produktionsleitung:
Constantin Lülsdorf

Dirigenten:
Detlef Klemm,
Dieter Himmer

Artistenmusiken:
Thomas Klemm,
Thomas Natschinski,
Frank Hollmann

Dramaturgische Assistenz:
Roland Welke

**Regieassistenz/
Abendregie:**
Klaus J. Ohnesorge,
Andrea Gerisch

Musikalische Assistenz:
Sieghard Mai

**Choreographische
Assistenz:**
Renate Neumann,
Wolfgang Stiebritz

Bühnenbildassistenz:
Francesca Ciola

Beleuchtungsassistenz:
Andreas Stübler

Kostümassistenz:
Anette Bellmann,
Simona Brunn

Inspizienz:
Barbara Wiesner,
Peter Storch,
Marlies Schalk

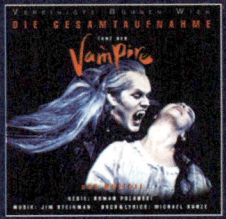
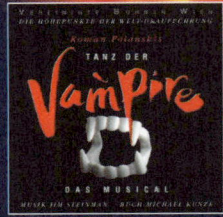
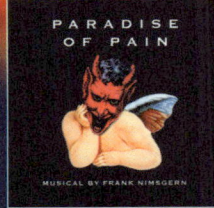

BLENDWERKE DES KÖRPERS

Artisten sind Planetenkinder. Sie versetzen in Staunen, Verzauberung und Entzücken. Als ob das ganze Leben ein leichter Seiltanz wäre. Achatz Freiherr von Müller hat sich von ihnen inspirieren lassen

RAUCHEN V

Was bedeutet mir die Schwerkraft
Artisten im Friedrichstadt-palast.
Von links nach rechts: Sergej Volodin, Alexander Volkov, Valentin Menjega, Wadim Proskuryakov, Alena Serfimovich, Alexander Velego-scha, Kristina Sarycheva, Igor Zolotuknin, Jens Jensen, Alexander Plotnikov, Alexei Artemiev, Rulsan Kinzikeev

Schon die Namen berauschen: Tom Jack – der Eiskönig, Fred Marion – das menschliche Orchester, Sulamit – die wiedergefundene Mona Lisa, Traumland – Meister der Äquilibristik oder Die Toscanas – die Unerreichbaren der Parterre-Akrobatik. Keine Frage – die Beinamen sind nicht weniger akrobatisch als ihre Träger. Sie machen neugierig, locken an, bezaubern. In ihnen wirken Geheimnis und Exotik, der Traum von fernen Welten, Kulturen, Zeiten und vor allem eines: der Reiz der Überschreitung. Die herkömmlichen Grenzen scheinen zu fallen, und Utopie verspricht Wirklichkeit zu werden. Das Publikum erwartet Verführung ohne Risiko, Täuschung ohne Betrug, Illusion, die Realität ist.

Die Gründerzeit schafft die entscheidenden Voraussetzungen für diese Ausdehnung der Illusion und Entgrenzung der Wirklichkeit. In den Weltstädten Europas und Amerikas wachsen in der Belle Epoque bis dahin unbekannte Quartiere empor: ganze Straßenzüge aus Hotels, Bars, Theatern, Zirkusbauten, Tanzlokalen und Varietés entstehen. Hier gelten die Gesetze des freien Blicks. Wer ins Theater will, einen reisenden Bekannten treffen oder außerhalb der Überwachungslüste von Nachbarn, Verwandten und Kompagnons sein Vergnügen sucht, ist hier am richtigen Ort. Auch wenn man ein bekanntes Gesicht sieht, erkennt man sich nicht. Diskretion ist alles.

Die Lieblingsanekdote der Zeit ist die Geschichte vom Ehemann, der in einem Séparée den nackten Körper einer unbekannten Schönen betrachten darf und in höchstem Entzücken jeden Preis bietet – nicht ahnend, daß er soeben seiner eigenen Frau begegnet ist. Mag sein, daß die Gesetze der Diskretion so stark sind, daß sie jedes Wiedererkennen schon im Keim ersticken. Und gewiß erzählt die Anekdote auch etwas über die alles verklärenden Erwartungen der Abenteurer für eine Nacht, die sich hier finden. In jedem Fall aber spiegelt sie die Atmosphäre dieses Milieus aus Luxus, Demimonde, Erotik und Artistik. Der menschliche Körper ist hier der größte Versucher, der fremdeste und erregendste. Kein Wunder also, daß dieser Körper nun zum Sprechen gebracht wird. Er wird in dieser Atmosphäre zum größten Geschichtenerzähler des 20. Jahrhunderts geformt.

Dies ist die Zeit, in der die Körper der Artisten ihre betörende Aura entwickeln. Die „schöne Otéro", der faszinierendste Tanzstar der Epoche, wird nicht nur wegen ihrer mitreißenden Artistik verehrt, sondern sie gilt zugleich als erotische Ikone. Die verführerische Exotik ihres Tanzes mit folkloristischen Zigeunerreminiszenzen und „spanischem Feuer" bietet offenbar genug, um die zivilisierten Phantasien zu nicht eingestandenen Kapriolen zu verführen. Die Artistik findet im Kopf der Zuschauer statt. Wohlgemerkt aller Zuschauer, der männlichen und der weiblichen. Denn was sie bei den Männern an Wünschen weckt, erfüllen sich die Frauen in Träumen. Als ihre Brüste 1912 in Gestalt der Doppelkuppel des Carlton Hotels in Cannes verewigt wurden, hatte die Welt der Tänzer und Artisten schließlich auch unübersehbar in der „Hautevolee", der Welt der „Schönen und Reichen", wie sie fortan heißen sollte, Zutritt gefunden.

Anfang und Ziel aller Artistik ist der große Sprung. Er verkörpert wie kein anderes Kunststück die Illusion des Fliegens, der Ablösung von allen Bindungen. Natürlich wissen wir längst, daß er kultische Ursprünge besitzt. Die großartigen Sprünge und Salti der kretischen Stiertänzer und ihrer nubischen Nachfahren stehen uns vor Augen. Der Körper zelebriert sich selbst als Opfer – Mutprobe, Weltvergessenheit in einem. Es ist daher auch die ursprünglich männlichste unter allen artistischen Künsten. Sie zelebriert das Ritual der Mannwerdung, der Initiation in die Gruppe der Krieger und Hirten.

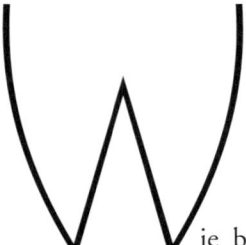

Wie bei nahezu allen rituellen Gesten und Handlungen transportiert ihre kulturelle Verwandlung sie in das Reich der Freiheit. Der artistische Sprung löst den kultischen ab, indem er ihn nicht nur frei für „Jedermann" und damit jede Frau macht, sondern auch von den Fesseln des Rituals löst. Er kann nun alles sein: Schauspiel, Bild, Unterhaltung, clownesker Blödsinn und höchstes, lebensgefährliches Risiko. In der ältesten Fachabhandlung der Akrobatik, einem Traktat mit dem Titel „Drei Dialoge des Springens und des Überschlagens in der Luft" von 1549, wird daher auch grundsätzlich zwischen vier Arten von Sprüngen unterschieden, die sich zu allen möglichen Facetten kombinieren lassen: dem sportlichen Sprung zur Ertüchtigung des Körpers, den flexiblen Sprüngen beim Tanz, dem Sprung als Ausdruck von Gemütsbewegungen und schließlich dem geheimnisvollsten und schwierigsten: dem Sprung mit Überschlag, dem Salto, der die Beherrschung des Körpers und seine „schöne Erscheinung" vervollkommnet. Damit wird die Kunst des großen Sprungs zum Teil der fürstlichen Erziehung, später des kompletten Gentlemans. Das männliche Initiationsritual verwandelt sich in das männliche Erziehungsideal der zivilisierten Gesellschaften. Von da ist es ein kurzer Weg zur vollständigen Befreiung des Sprungs für alle Zwecke, auch seine Militarisierung im Turnunterricht und seine Vermarktung im Showgeschäft.

Und dennoch erinnert gerade die Show an eine andere Wurzel: die Kunst der Gaukler und Possenreißer. Diese „Jahrmarktkünste" gelten zwar zu Unrecht als die eigentliche Quelle der modernen Akrobatik, dennoch

**Kraftvirtuose
im Schlangenkörper**
Konzentration ist
alles: Der Handstand-
äquilibrist
Alexander Velegoscha

dürfen sie nicht vergessen werden. Denn hier findet sich der Stachel im Fleisch der herrschaftlichen Salti und Pirouetten. Die Akrobaten der Jahrmärkte zeigen die ursprüngliche, die Augenlust und Sehnsüchte aller Menschen bedienende Seite des artistischen Luftsprungs. Die Herren lehrt er, sich selbst zu kontrollieren, ihrem Körper jede Regung zu gebieten und zu verbieten. Den Zuschauern auf Marktplätzen und Dorfwiesen bietet sie das große Staunen. Es ist ein Schauspiel, das von Entzückensrufen, Überraschungslauten und hingerissener Freude begleitet wird. Gewiß ist auch der aristokratische Salto ein Stück Kommunikation, denn es geht um die Schaustellung des beherrschten und perfektionierten Körpers. Doch die Jahrmarktsakrobatik wäre als reiner Akt der Kommunikation beschrieben lächerlich. Sie ist viel mehr. Sie unterhält, entrückt, verzaubert. Und so – nur so – vermag sie auch als die Mutter aller Revue- und Varieté-Akrobatik gelten. Denn auch diese hat vor allem das Ziel des Staunens, der Verzauberung und Entrückung. Allein nicht mehr wie einst erzählen die fliegenden, kreisenden, wirbelnden Körper von Wundern. Vielmehr sind sie nun Protokolle unerhörten Trainingsfleißes und seiner Verwandlung in Ästhetik und Erotik. Der akrobatische Tanz weiblicher oder männlicher Körper am Boden oder am Trapez sprach in den 30er Jahren vor allem von technischer Perfektion, in den 50er Jahren von „Leistung" und sportlicher „Kameradschaft". Artistik war und ist somit stets auch Zeitgeist. Der postmodernen Lust an Täuschung, Cross-Dressing, Simulation und Fake gehorcht daher auch die ihr entsprungene Akrobatik. Sie zelebriert die Poesie der vertauschten Körper und Uneindeutigkeiten.

Damit nicht genug. Denn seitdem unsere Kulturen über „den Sprung" nachdenken, haben sie in ihm auch stets das kompletteste Bild der Natur gesehen. In den Rotationen und Flügen der kreiselnden Körper erkannten sie die Gesetze der Geometrie und der Bewegungen des Kosmos. Als Planetenkinder erschienen daher stets die fliegenden Künstler. In diesem Sinne ging es bei ihrer Betrachtung eben immer auch um Kunst. Denn wie alle Kunst seit der Renaissance galten Sprünge, Salti, Schwünge und Rotationen der Körper als verdichtete und gestaltete Abbilder der Natur. Zugleich besaßen sie einen astronomischen und astrologischen Sinn. Sie klärten über die Regelmäßigkeit der Naturbewegungen auf und führten in das Geheimnis der Sternenbewegungen ein: in Konjunkturen und Konjektionen, in Seelenmusik und Sphärenklang.

Die moderne Akrobatik hat diese magische Seite ihrer Herkunft nicht vergessen. Der klirrende Flitter der Kostüme, der Glanz der künstlichen Lichter, die funkelnde Explosion der fliegenden Körper inszeniert diese Erinnerung stets neu – wie beiläufig und dennoch wirkungsvoll genug. Wir halten es für Revue-Glamour, und dennoch ist es nichts anderes als der Hinweis darauf, daß die Artisten Planetenkinder sind.

Alle Artisten? Auf ihre Weise schon. Denn auch die beiden anderen großen Gruppen neben den Akrobaten, die Jongleure und Äquilibristen, zeigen, „was die

Welt im Innersten zusammenhält". Das Jonglieren mag uns dabei noch anschaulich genug die Verbindung von Flug, Balance und Ordnung vor Augen führen. Die Antike wenigstens erkannte sie als ein solches Sinnbild und stellte daher nicht zufällig auf Grabbeigaben immer wieder Jongleure als Seelenartisten vor. Und dennoch verweist der Begriff, mit dem wir diese Balancekünstler bezeichnen, auf noch ganz andere Dimensionen. „Jongleure" waren im Mittelalter Liedersänger, die sich auf die Kunst des Troubadourliedes kaprizierten. Also musikalische und lyrische Spezialisten mit aristokratischem, wenn nicht höfischem Umgang. Allmählich müssen sich diese Unterhaltungskünstler auch auf andere Formen und Möglichkeiten, ihrem Publikum eine Art von ästhetisch-sinnreichem Amusement zu bieten, besonnen haben. Wie bei allen Kultivierungsprozessen spielten auch die Begegnungen mit fremden oder fremd gewordenen Kulturen – mit dem Orient, mit Byzanz – bei dieser Komplettierung des Angebots eine Rolle. Mit einem Wort: in Europa ist „Jongleur" der ursprüngliche und treffende Begriff für den Unterhaltungskünstler im Kulturapproach.

Die Romantik, die den inzwischen fast vergessenen Jongleur im Zirkus wiederentdeckte und zum Melancholiker stilisierte, sah daher nicht ohne feines Gespür für diese noble Vorgeschichte in ihm den Idealtypus des ursprünglichen Künstlers.

Gewiß geht es dabei auch um Volkstümlichkeit. Jonglieren ist scheinbar einfach zu verstehen. Es bietet stets die gleiche Überraschung. Der Jongleur wirft Dinge in die Luft, und sie scheinen um ihn schwerelos zu kreisen. Aber längst wissen wir, daß der bloße technische Jonglierakt allein nicht genügt, um Begeisterung, Atemlosigkeit, Hingerissenheit hervorzurufen. Die Jongleure nehmen Rollen ein, spielen den Deppen, den Clown, den Eleganten oder den Unbeteiligten. Gewiß gibt es auch technische Genres, die ihre unterschiedlichen Reize besitzen. Das akrobatische Jonglieren auf rollenden Kugeln, Einrädern oder sonstigen schwierigen Unter- und Hintergründen bietet eine Art Doppelspiel des Jongleurs: man bewundert fast atemlos zwei Künstler in einem. Dazu kommen die Fußspezialisten, die wie einst das Fußgenie Jean Claude ganze Fußballmannschaften in Atemnot bringen; oder „Chinesen", die mit Vasen, Stöcken, Diabolos oder einem „Zwilling" – Partner oder Partnerin – hantieren; dazu Reifenakrobaten unablässig um die magische Schallmauer sieben Reifen gleichzeitig in der Luft zu halten bemüht; und schließlich die russischen Erben der sowjetischen Zirkusschulen, deren technische Perfektion eine melancholische Erinnerung an die einstigen Träume vom Sieg soziali-

**Magischer Zauber
der Form**
Schönheit im Schwebe-
zustand: Die Ring-
trapezkünstlerin Alena
Serafimovich

stischer Raumfahrt im Zeichen von Sputnik und Sojus zu sein scheint.

Aber noch einmal: der magische Punkt des Jonglierens liegt in der Verbindung von technischer Perfektion und Rollenspiel. Die Ungeschicktheit des Clowns, verbunden mit der höchsten Geschicklichkeit des Balanceartisten, die lässige Gleichgültigkeit des Gentleman, der die Gegenstände seiner täglichen Luxusgarderobe zum Fliegen bringt, der übereifrige Kellner, um den am Ende ein ganzes Restaurant kreist – das ist der Stoff, aus dem die Jonglierträume gemacht werden.

Was war das Erfolgsgeheimnis Enrico Rastellis, des Königs der Jongleure? Man könnte antworten: er stammte aus Bergamo. Hier nämlich ist die Heimat der bekannten „Zanni" der Commedia dell'Arte – Brighella und Arlecchino. Gewiß, erst im Ambiente des kulturellen Spektakels Venedigs kamen diese beiden listigen Spaßmacher der Stegreifbühne so richtig in Fahrt, doch ihre Herkunft prägte ihre Rollen. Aus Bergamo nämlich bezogen viele aristokratische Familien Venedigs ihre Hausknechte, Diener, Boten. In diesen „Rollen" lernte man das Leben kennen, von oben wie von unten. Entsprechend wendig und vorteilskundig verhalten sich auch die beiden „Bergamasken" auf der Bühne. Sie jonglieren zwischen allen Fährnissen und Konflikten, Parteien und Standpunkten. Diese soziale und kulturelle Tradition Bergamos präsentierte Rastelli in seiner Art des Jonglierens. Wie kein anderer war er fähig, die Wandlungen des Publikumsgeschmacks vorauszuahnen. Hatten soeben die „Chinesen" begonnen, mit asiatischer Exotik die Europäer zu überbieten, begegnete ihnen Rastelli als Japaner, um den ein Universum von Bäl-

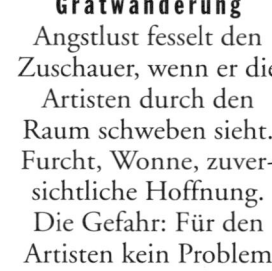

len kreise. Kaum war das Publikum der asiatischen Supertechniker ein wenig überdrüssig, überraschte er es im Seidentrikot eines Bodenakrobaten, der fast nebenher auch noch jonglierte.

Die Popularität des Fußballspiels in Italien mag er begründet haben. Denn ehe die Tifosi noch etwas von ihren Triumphen bei den Weltmeisterschaften der 30er Jahre zu ahnen begannen, schuf er ein Panorama rasender Fußbälle, so daß noch heute eine Ballbehandlung „come Rastelli" zur Kennzeichnung höchster Fußballkunst dient. Der Volksmund Bergamos hat das Sprichwort „Chi manèsa, non bramesa" kreiert: „Wer etwas hat, will etwas anderes." – Könnte es eine passendere Devise für einen gar nicht so verborgenen Sinn des Jonglierens geben?

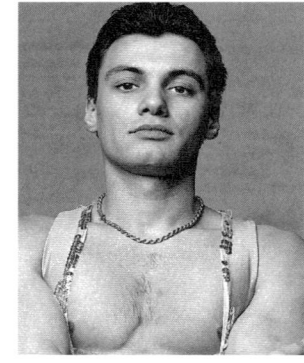

Die dritte klassische Kunst der Akrobatik, das Tanzen auf dem Seil und die aus ihm entwickelten verwandten Spielarten der Äquilibristik, scheint mit Bedeutung geradezu überladen. Ist nicht das ganze Leben ein Seiltanz? – Zu solch banalen Folgerungen mag in der Tat so manche Darbietung dieser Kunst anregen, aber auch dann verfehlen sie den ursprünglichen Sinn des Balancierens auf dem Seil.

Denn dieses zeigt eine Art, sich zu bewegen, wie sie für das Leben nicht gelten sollte. Es ist die Narrenkunst par excellence. Und der Narr ist alles andere als harmlos.

Damen und Herren auf Gratwanderung

Angstlust fesselt den Zuschauer, wenn er die Artisten durch den Raum schweben sieht. Furcht, Wonne, zuversichtliche Hoffnung. Die Gefahr: Für den Artisten kein Problem

Seine Kunst liegt darin, das Gefährliche und Dämonische in täppischer und lustiger Verkleidung in die Welt zu bringen. Eulenspiegels ursprünglich gewählter Beruf war der des Seiltänzers. Seine um ihn und sein Seelenheil besorgte Mutter schnitt daher bei seinem ersten Versuch, öffentlich auf dem Seil zu tanzen, bekanntlich das Seil durch, und er fiel zur Freude der Zuschauer in einen

**Der Herr
der Überflieger**
Nichts ist unmöglich:
Ruslan Kinzikeev von
der Sarychev-Truppe,
Meister am Hochtrapez

Fluß. Aber schon bei seinem nächsten Versuch brachte er diese um ihr sicheres Standvermögen in der Welt, indem er ihnen seine Schuhe vom Seil herab auf die Köpfe warf.

Der Seiltanz zeigt also nicht das Leben, sondern die „krummen Wege" des Lebens. Es ist nicht zufällig gefährlich. Und seine Fortentwicklung mit bis zu siebenfachen Äquilibristenpyramiden auch nicht. So liegen die entscheidenden Varianten des modernen Seiltanzes einerseits in der Steigerung seiner Poetik, der Schwerelosigkeit und Heiterkeit dieses Narrengeschäfts, und andererseits in vielfältigen Verbindungen mit Elementen der Parterre-Akrobatik – nur daß diese eben in oft schwindelnder Höhe auf dem Seil dargeboten werden. Diese Formen des Seiltanzes sind natürlich nicht mehr Mahnungen an die Gefahren des Bösen, sondern Unterhaltungskunst. Ihr Sinn könnte, wie Robert Musil schreibt, allenfalls darin liegen, daß man begreift, wie es möglich ist, „Aufmerksamkeit zu sammeln, die Vorgänge im eigenen Körper zu beobachten: die Reaktionszeiten, das Wachstum und die Störungen in der Koordination der Bewegungen, die Beobachtung und Auswertung von Nebenvorgängen, die rasche, intellektuelle Kombination". Das wäre schon genug – zudem wenn ein solcher Lernvorgang sich durch Betrachtung eines fremden, wenn auch artistischen Körpers vollzieht. – Aber tatsächlich könnte der Sinn auch in der Unterhaltung selbst liegen.

Das Geheimnis aller Akrobatik liegt jedoch in einem unsichtbaren Begleiter: dem Risiko. Man schlägt ein internationales Artistenjournal auf und liest: „Schwerer Unfall am Trapez", „Sturz vom Hochseil", „Drei Monate Zwangspause für Parterre-Akrobaten" etc. Die weitaus meisten der hinter solchen Meldungen stehenden Geschehnisse ereignen sich beim Training. Das überrascht nicht, denn hier ist das Risiko am größten, hier wird es durch neue Varianten herausgefordert. Dennoch tanzt, springt, rotiert und jongliert das Risiko in jedem Augenblick der Show mit. Und es ist eigentlich nicht nur Begleiter. Vielmehr hat es eine tragende Rolle. Denn die so bewunderte Beherrschung des Körpers und seiner Reaktionen, seiner Möglichkeiten, seiner Kreativität bildet nur eine Attraktion in der Show der Akrobaten. Eine andere stellt das Risiko als Peitsche für den artistischen, poetischen, intelligenten, sprechenden Körper dar – die sich mit seiner Lernfähigkeit potentiell steigernde Gefahr für seine Integrität.

Damit aber ist die wesentliche Attraktion aller Akrobatik angesprochen: der nie aufhebbare Widerspruch zwischen der bewundernswerten Lern- und Leistungsfähigkeit des menschlichen Körpers und seiner tiefen Verletzlichkeit. Aus dieser Spannung bezieht noch jede Akrobatik ihren besonderen und doch so stereotypen Reiz. Die Stimulation des Körpers zu einem Kunstwerk, dessen Artistik allein von seiner Fragilität übertroffen wird, beschert zugleich die Unversiegbarkeit dieses Reizes.

Wie immer schon schwankt der Akrobat zwischen allen Künsten. So wie er auch gesellschaftlich unfixierbar scheint. Er ist der geborene „zwischen allen Stühlen Sitzende". Eben dieses Sfumato gehört aber zum Zauber seiner Erscheinung. Es verwandelt die einstige Stellung der Gaukler und Artisten am Rande der Gesellschaft in Glamour. Der Akrobat scheint niemandem anzugehören, gilt als Bewohner einer Utopie. „Frei wie ein Vogel" oder „vogelfrei" – alles wird möglich. Wir wollen nicht wissen, daß es längst Sozialversicherungspflicht, Risikozuschläge, Nachtzuschläge und berufsgruppenspezifische Klauseln in Lebensversicherungsangeboten gibt, die auch den Akrobaten in die geordnete Welt der vermeintlich gesicherten Bürger überführt haben. Teil seines Glamours ist vielmehr, daß er auch sozial mehr wagt als wir.

Dabei täuschen wir uns bekanntlich immer mühseliger über die geringe Standfestigkeit unserer eigenen Sicherheiten hinweg. Der Akrobat ist uns näher als wir glauben – auch dann, wenn wir ihn noch immer für einen romantischen Vagabunden halten. Wir selbst sind dem Vagabundendasein näher, als es unserem Seelenfrieden lieb ist. Insofern wird die Artistenatmosphäre von Freiheit, Risiko und Ungebundenheit zum Glamour-Look der sozialen Abgründe. Daher lieben wir es, wenn die Artisten uns immer weniger ihre Muskeln zeigen und in poetische Traumlandschaften schöner und zauberhafter Körper entführen. So suggerieren sie uns Möglichkeiten, die wir hätten, wenn wir nur wollten.

Natürlich gehen uns solche Gedanken nicht durch den Kopf, wenn wir dem wunderbaren Spiel der akrobatischen Körper zusehen. Im Gegenteil: wir sind hier, um solche Gedanken nicht zu haben. Aber die Empfindungen und Erregungen der Zuschauer sind ja keineswegs bloß „Gefühl". Sie bestehen aus eigenen Erwartungen und den Reizen des Spektakels. Insofern findet die Akrobatik eben auch im Kopf statt.

Und dort wäre auch das allerletzte Geheimnis ihrer Faszination zu klären. Es könnte darin liegen, daß die Künste der Akrobaten uns in einer Welt, in der alles nützlich sein muß, vom Wert des Unnützen überzeugen. Bei ihnen gilt nur der spektakuläre und schöne Schein der Körper. Bedeutungs- und Sinnfragen, mit denen uns alle anderen Künste überschütten, spielen bei ihnen keine Rolle. Kein „Warum", kein „Wozu", selbst kein „Wie" kommt uns ernsthaft in den Sinn. Denn wir wissen von vornherein: auf keine dieser Fragen bekämen wir eine zureichende Antwort. So bleibt uns nur der Genuß des Augenblicks.

Achatz Freiherr von Müller ist Professor für Kulturgeschichte an der Universität Basel. Er lebt in Hamburg und Basel

**Ein Gott,
der keiner war**
Spiel am seidenen Faden:
Jens Jensen, auf der
Bühne ein
abstürzender Ikarus

GIPFELTREFFEN.

Der Blick ist unbeschreiblich, die Atmosphäre unbezahlbar. Wer diese Aussicht genießen kann,

ist weit gekommen. Äußerst komfortabel, versteht sich, im unvergleichlich eleganten wie luxuriösen

Range Rover. Der Sie mittels kraftvoller 4,6-l-V8-Maschine und mit beeindruckend starken

Abb. mit Sonderausstattung

Leistungen auf und jenseits der Straße an jedes erdenkliche Ziel bringt.

Als erste Etappe empfehlen wir Ihnen eine ausgedehnte Probefahrt.

Wählen Sie bitte 01805/8282 (0,48 DM/min) bzw. www.rover.de

LAND-ROVER

RANGE ROVER

DIE GRABEN– KÄMPFER

Das Orchester des Friedrichstadtpalastes ist eine perfekte Soundmaschine, die zu jeder Zeit aber auch virtuose Improvisationszauber entfalten kann. Harald Martenstein hat zugehört und sich überzeugen lassen

Es führt kein andrer Weg zur Seligkeit
Dirigent Dieter Himmer und das vielseitige Orchester des Friedrichstadtpalastes

Der Friedrichstadtpalast besitzt die längste Girlreihe der Welt. Das weiß in Berlin jeder. So eine Girlreihe wirkte früher gewagt und lasterhaft und unerhört. Heute wirkt sie elegant und nostalgisch. So hat auch die Unsittlichkeit ein gewisses Verfallsdatum.

Den legendären Zwanziger Jahren können wir an wenigen Orten des heutigen Berlin so nahe kommen wie hier im Palast, wenn die Girls aufmarschieren und ein prächtiges Bühnenbild, ein prächtiges Kostüm nach dem anderen, nun ja: Revue passieren. Die Bedeutung der Erotik für die Tanzkunst kann eben kaum überschätzt werden, sagen wir Besucher uns in solchen Momenten. Dabei vergessen wir leicht, daß aus der Geschichte des modernen Tanzes auch die Musik kaum wegzudenken ist. Tanz ohne Musik? Keine schöne Sache, auf die Dauer. Irgendwie zu leise.

Kreativität stellt sich der normale Mensch, der Mensch mit einem langweiligen Bürojob zum Beispiel, immer als eine wahnsinnig aufregende Sache vor. Der Funke des Genies schlägt ein, es zischt metaphysisch, und es kracht, im Gehirn spielen sich nie dagewesene chemische Prozesse ab. Kreativität, denkt der normale Mensch, ist schon was Einmaliges, ungefähr wie ein Vulkanausbruch auf Island oder das Ende der Ära Kohl.

In Wirklichkeit sind nicht alle Bürojobs langweilig, insofern ist die Wirklichkeit eindeutig ein netterer Kerl als die Phantasie. Und bei einem kreativen Menschen kann es in Wirklichkeit vorkommen, daß er in Ausübung seiner Kreativität mit dem Schlaf kämpft.

Ja, der Halbschlaf, sagt die junge Violinistin Corinna Jakoby, das ist schon eine gewisse Gefahr. Sie lacht dabei. Corinna Jakoby ist eine von zehn Palast-Geigerinnen, dazu stellvertretende Konzertmeisterin und spielt das Revueprogramm des Friedrichstadtpalastes pro Jahr etwa 240 bis 280 Mal, live. Es soll, nein, es muß jedesmal exakt klingen, auf die Zehntelsekunde genau, und frisch, und lustvoll, voller Power, mitreißend, explosiv, all sowas. Ein Job, um den sie beneidet wird. Sie hat ihn erst vor ein paar Jahren gegen hervorragende Musiker aus aller Herren Länder erobert. Denn es gibt leider viel weniger Orchesterplätze auf der Welt als es gute Musiker gibt. Gute Musiker sind schon froh, wenn sie irgendwo in der Provinz eine feste Stelle als zweiter Geiger bekommen. Aber sie, sagt der Chef von Frau Jakoby, der Orchesterleiter Detlef Klemm, sie ist wirklich sehr gut. Orchester und Dirigent sollten sich einig sein, wenn es um die Besetzung einer neuen Stelle geht. Sie waren es im Falle Corinna Jakoby.

Sie ist sehr gut, sehr kreativ und spielt 280 Mal im Jahr das gleiche. Sowas muß unsereins erst mal verdauen. Das ist, als ob man 280 Mal im Jahr über den Friedrichstadtpalast schreiben müßte. Tut mir leid, das könnte ich nie. Schon 100 Mal wäre schwierig. Sie kann das. Ihre Kollegen können das. Es ist wohl ein Teil ihrer Kunst.

Das Orchester des Friedrichstadtpalastes darf sich nicht im Orchestergraben verstecken, wie so viele ihrer Kollegen. Es sitzt auf der Bühne, wenn auch meistens irgendwo im Hintergrund. Das Palast-Orchester hat ungefähr 35 Musikerinnen und Musiker, damit gehört es trotz gewisser Verkleinerungsmaßnahmen der letzten Jahre noch immer zu den größten Revueorchestern der Welt, vergleichbar mit dem Orchester der Radio City Music Hall in New York.

Was ist überhaupt ein Revueorchester? Ein Ensemble, das jedes Geräusch spielen kann, das menschliche Musikalität in den letzten Jahrhunderten so hervorgebracht hat. Mozart, Rolling Stones und Prokofjew. Klassik, Jazz, Pop und Reggae. Funk, Boogie-Woogie, Rap, Dixieland, Barockmusik? Geht alles, auf jedem gewünschten Instrument. Die meisten Musiken sind frisch, für die jeweilige Revue komponiert. Eine größere Bandbreite wird von keinem anderen Musiker verlangt.

Das Orchester ist heute um mehr als ein Drittel kleiner als vor zehn Jahren. Aber schlechter, sagt der Dirigent, sei es durch den Sparzwang nicht geworden. Früher waren die meisten Instrumente doppelt besetzt, das gibt es heute nur noch bei ganz wenigen Orchesterstellen. Eine Grippewelle steckt der Friedrichstadtpalast unter kapitalistischen Verhältnissen nicht mehr so leicht weg wie im Sozialismus.

Es gibt, wie Detlef Klemm verrät, eine Faustregel, die persönlichen Vorlieben der Musiker betreffend. Das Holz und die Streicher kommen eher von der Klassik, das Blech kommt eher vom Jazz. Was Klemm betrifft: Er kam aus Greifswald. Dort war er Chefdirigent, bevor er 1988 an den Palast wechselte. Heute, 1999, ist Klemm 43 Jahre alt, ein Mann mit grauen Haaren und jungem Gesicht. Er probt gerade eine Händel-Arie, und an den schönsten Stellen hüpft er beinahe vor Begeisterung. „Weich" und „nicht so weich" sind seine liebsten Regieanweisungen. „Schwingend" sagt er auch gerne, oder: „Es soll federn!" An diesem Tag werden im Probenraum außerdem zwei Solisten der Komischen Oper auftauchen, bekannte Sänger, die bei einer Fernseh-Gala mit dem Palast-Orchester auftreten. „Es ist uns eine große Ehre", sagt Detlef Klemm zu den Kollegen von der Oper.

Natürlich, in der Hierarchie rangiert das E immer

NEUE DIMENSIONEN ERFORDERN NEUE MASSTÄBE.

DIESE HABEN WIR GANZ OBEN ANGESETZT.

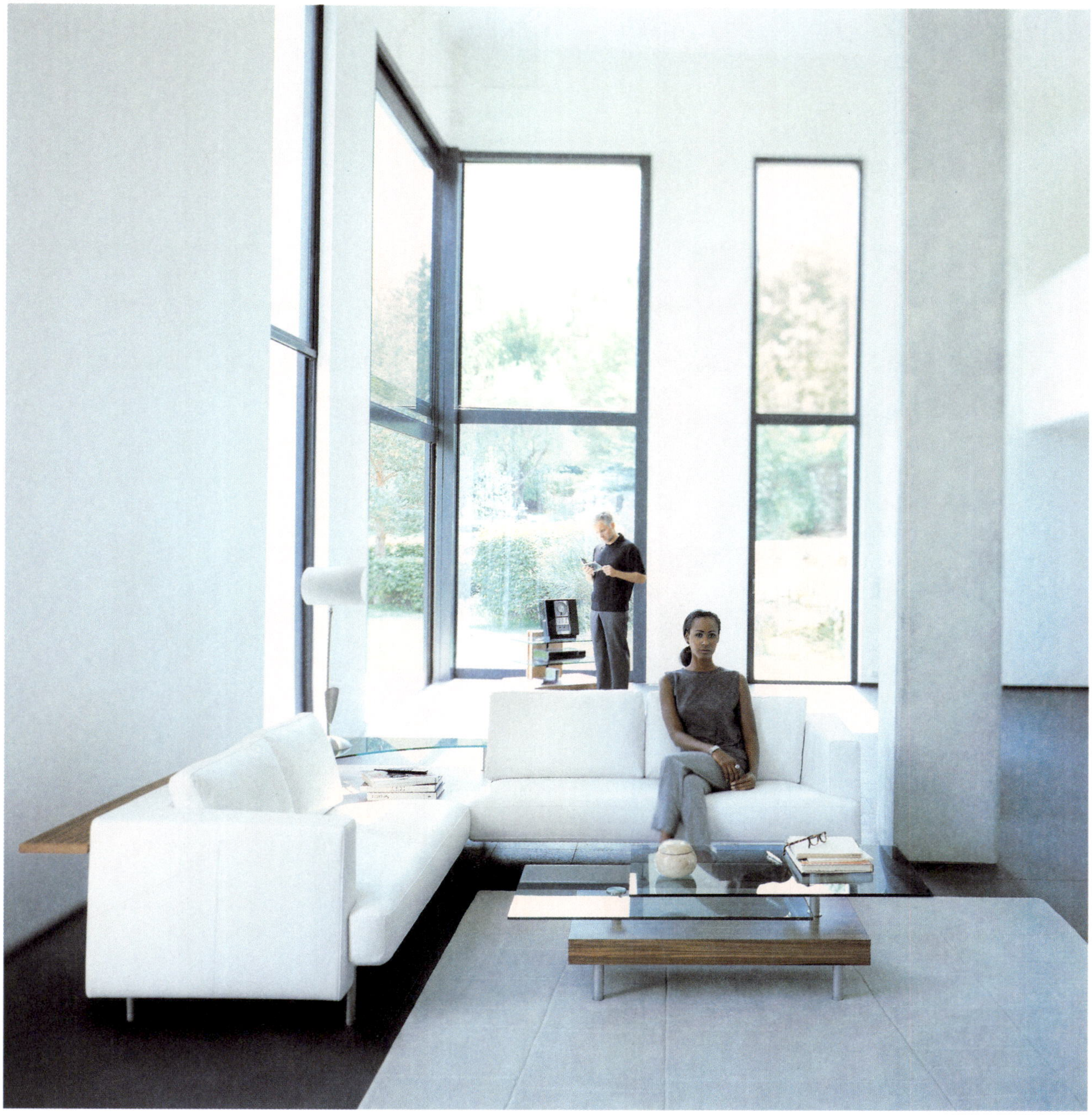

WOHNEN, WIE ES AM SCHÖNSTEN IST.

ROLF BENZ

MEHR ÜBER ROLF BENZ 3200 UND ANDERE SCHÖNE MÖBEL VON ROLF BENZ BEI

MÖBEL RASSOW IDEEN FÜR SIE

DAS FACHGESCHÄFT GEGR. 1930

10625 Berlin (Charlottenburg)

Bismarckstraße 103/104

Ecke Leibnizstraße - Kundenparkplätze

Telefon (0 30) 31 50 57 50

kusian

WOHNEN + GALERIE

DER GEHEIMTIP IM NORDEN BERLINS

BLANKESTRASSE 4

(AM KURT-SCHUMACHER-PLATZ)

13403 BERLIN, REINICKENDORF

TELEFON 030/4 98 98 60

FAX 030/4 96 50 52

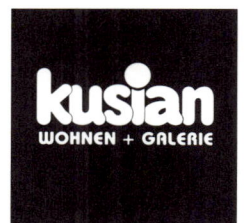

noch vor dem U. Obwohl das Palast-Orchester ja viel mehr kann als jedes klassische Ensemble, und obwohl es, was Timing angeht, mehr falsch machen kann. In der großen Revue sind Licht, Tanz und Musik auf die Sekunde genau aufeinander abgestimmt, da läuft alles ab wie ein Uhrwerk. Der um einen Wimpernschlag verzögerte Einsatz bringt anderswo schlechte Kritiken, hier bringt er die ganze Show aus dem Gleichgewicht, das millionenteure Illusionsgebäude bricht zusammen wie ein Kartenhaus, alle stehen nackt da. Einmal in den letzten Jahren ist es tatsächlich passiert, in der Kinderrevue. Der Schlagzeuger patzte. Die Showmaschine knirschte und stand still.

Das Revueorchester ist ein lebender Widerspruch. Das muß sie fast zerreißen, denkt der Laie: Gefühle einschalten, Gefühle ausschalten. Einerseits sollen sie Uhrwerk sein, eine Soundmaschine, Diener der Show. Dann wieder, eine Sekunde später, müssen sie improvisieren, Mensch sein, Erfinder, Auge und Instinkt. Wenn die Artisten ihre Nummern zeigen. Ein doppelter Salto läßt sich nicht planen. Es läßt sich nicht auf die Sekunde genau festlegen, wie lange der Artist sich vor dem Absprung konzentrieren muß, es kann nicht garantiert werden, daß der Sprung gelingt. Die Monitore, die, unsichtbar für uns Zuschauer, überall auf der Bühne plaziert sind, geben in solchen Augenblicken den Musikern ihr Programm vor. Der Artist denkt nur an seine Nummer. Der Kapellmeister und seine Musiker aber müssen spüren, was er denkt. Dann ist die Nummer vorbei, und sie sind wieder ein Uhrwerk.

„Wir", sagt Klemm über sein Orchester und sich, „bewegen uns an der Grenze zum sogenannten Seichten." Er zuckt dazu unsichtbar mit den Achseln. Niemand, der hier arbeitet, darf damit ein Problem haben – mehr zu können als er oder sie normalerweise zeigen darf. Sie sind, was die Breite des Repertoires und die Beweglichkeit angeht, am ehesten mit den Rundfunk- und den Theaterorchestern vergleichbar. Gebrauchsmusi-

ker, die nie die Lust verlieren. Unerschütterliche Profis. An diesem Tag geht es auch um die Aufzeichung der Weihnachtsrevue „Jingle Bells" für das ZDF. Die Musik kommt vom Band, das Palast-Orchester hat sie schon vor Wochen eingespielt. Aber zum Auftritt des Stargastes Jennifer Rush soll auch das Orchester auf dem Bildschirm zu sehen sein. Einige Musiker müssen den Nachmittag opfern, im Smoking herumsitzen und tun, als ob. Klemm schreibt ihnen eine einfache Pseudo-Partitur, damit sie zu der Playback-Musik an ihren Instrumenten die passenden Bewegungen machen. Auch das gehört dazu.

Also, was tun sie nun gegen den Halbschlaf? Fast jeder Musiker, der im Friedrichstadtpalast arbeitet, musiziert noch nebenbei, in der Freizeit. Corinna Jakoby spielt Alte Musik, in einem Trio. Andere greifen sich gleich nach dem Schlußapplaus ihr Instrument, um in irgendeinem Berliner Keller zu jazzen. Auch findet zwischen den verschiedenen Berliner Häusern ein gewisser Austausch statt – der Schlagzeuger des Friedrichstadtpalastes probiert sich auch mal am Theater des Westens aus. Sogar der Chef arbeitet öfter mal auswärts, mit dem Filmorchester Babelsberg oder dem Rundfunkorchester Frankfurt am Main.

Niemand legt den Musikern da Steine in den Weg. Das ist für sie wie Gymnastik für einen Tänzer. Sie brauchen diese Abwechslung, um sich geistig frisch zu halten, um nicht zu schlecht gelaunten Routiniers zu erstarren, um die Musik unerschütterlich lieben zu können, obwohl sie fast 300 Mal im Jahr das gleiche spielen. Vielleicht denken sie morgen, während der Vorstellung, minutenlang an etwas ganz anderes, an Musik für Randgruppen. Cooljazz zum Beispiel. Und gerade deshalb klingt das, was sie gerade spielen, wieder einmal so lustvoll und beschwingt, wie es ihre Pflicht ist.

Harald Martenstein ist Reporter des „Tagesspiegel". Er lebt in Berlin

Mit Musik geht alles besser
Das Orchester mit seinem musikalischen Oberleiter Detlef Klemm (2. v. rechts vorn)

PAPPMACHÉ UND WATTESCHNEE

Der Friedrichstadtpalast ist ein Technik-Wunder-Palast. Alchemistenkammer mit pyrotechnischen Zauberern, Comicstrips aus Laserkanonen, Helikopter aus Pappmaché und Watteschnee, Medusen aus Styropor. Belinda Grace Gardner hat sich hinter der Bühne zwischen Feuer, Wasser, Luft und Erde bewegt

Ein Palast mit modernster Technik, von Illustrator **Jürgen Willbarth** in einer Schnittszeichnung dargestellt. Nichts ist unmöglich, auf der Bühne schon gar nicht und jede Produktion bringt neue kreative Lösungen, verblüffend für die Zuschauer, bezaubernd für die Sinne. Möglich macht das ein Stab von Handwerkern und Technikern, vom Schuhmacher bis zum 3-D-Spezialisten

Vorbühne mit auswechselbaren Wasserbecken, Eisfläche, Zirkusarena oder gläserner Tanzfläche
Mit einem Durchmesser von 11 Metern ist dieser Bühnenbereich variabel zu gestalten, entsprechend dem Bedarf der jeweiligen Produktion

Flugwerk
Insgesamt gibt es drei Flugwerke, davon bewegt sich eins quer zur Bühne

Kinotechnik
Projektion und Steuerung der Kino-, Laser- und Video-Technik sowie der Special-Effects

Beleuchtungsbrücken

Regie Beleuchtung
Von hier aus werden die rund 1.500 Beleuchtungskörper im Haus gelenkt

Linke Seitenbühne
Sie beherbergt kleine Bühnenbilder und Requisiten

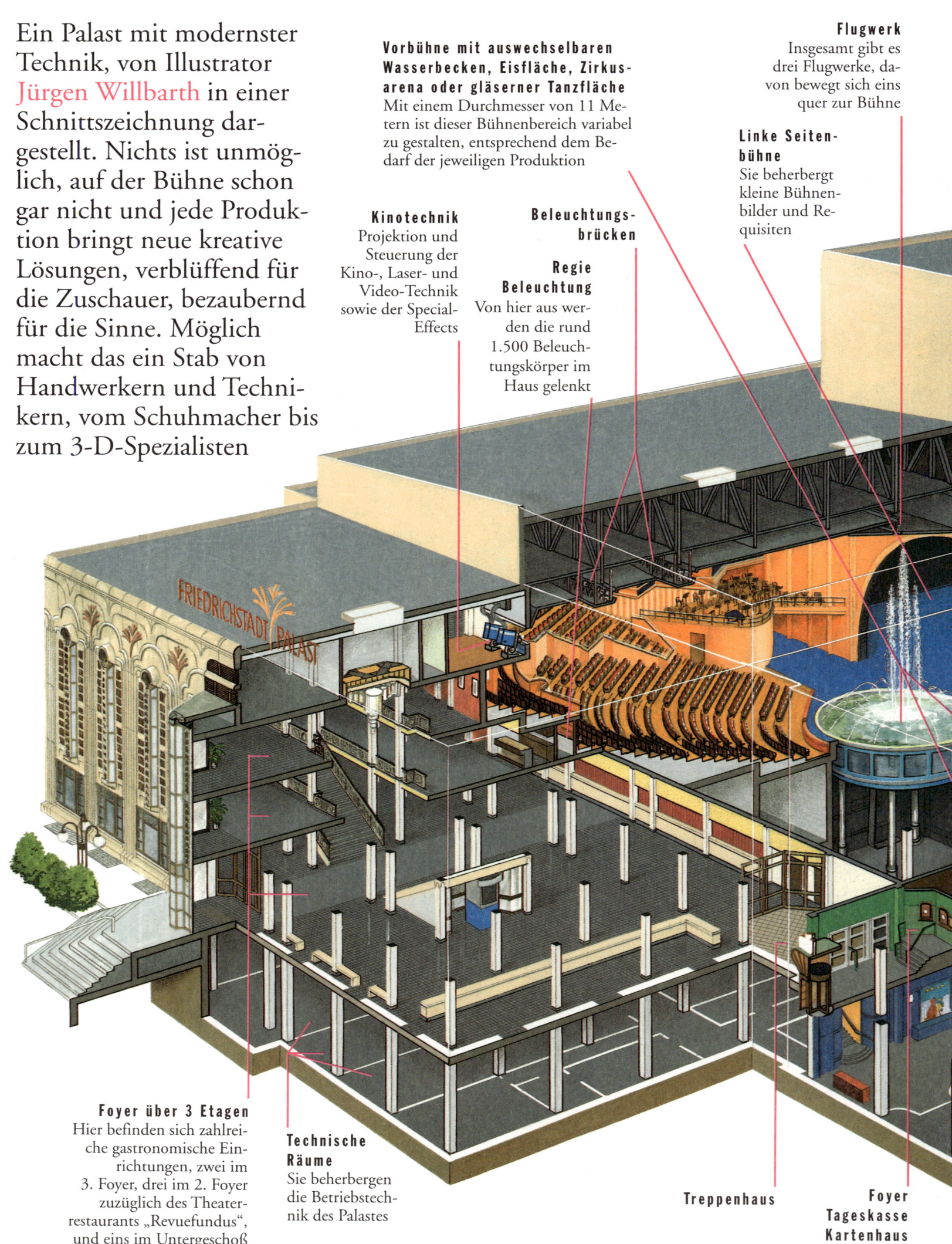

FRIEDRICHSTADT PALAST

Foyer über 3 Etagen
Hier befinden sich zahlreiche gastronomische Einrichtungen, zwei im 3. Foyer, drei im 2. Foyer zuzüglich des Theaterrestaurants „Revuefundus", und eins im Untergeschoß

Technische Räume
Sie beherbergen die Betriebstechnik des Palastes

Treppenhaus

Foyer Tageskasse Kartenhaus

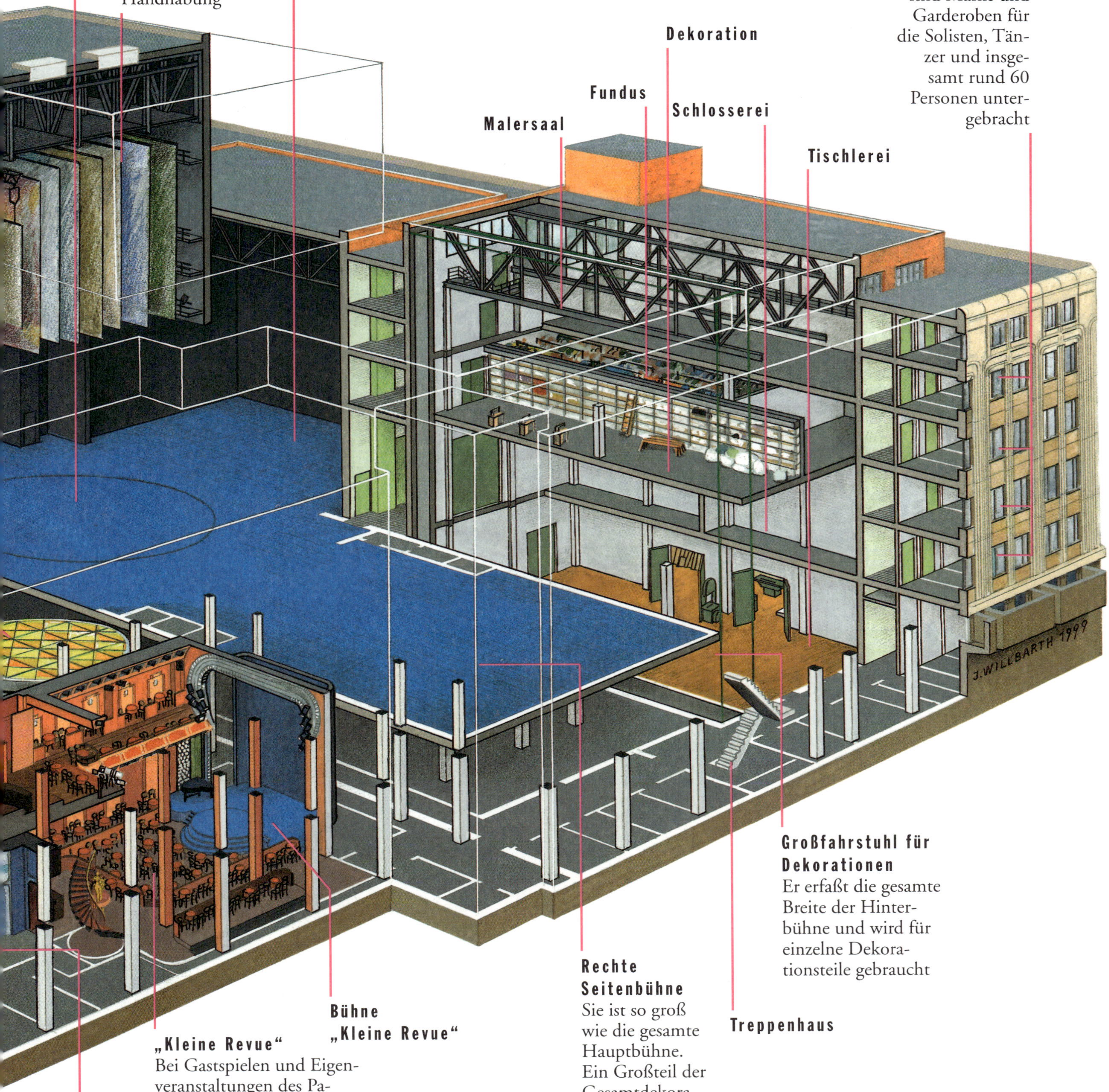

Hauptbühne
Die Drehbühne mit einem Durchmesser von 26 Metern besitzt zwei Verankerungen

Schnürboden
32 Meter hoch. Mehr als 30 Hand- und Maschinenzüge erlauben eine schnelle und leichte Handhabung

Hinterbühne
Hier befindet sich während der Produktion die 3-D-Technik

Die Werkstätten
Traditionelle Bühnenhandwerker sorgen für eine makellose Ausstattung der Bühne sowie der Schauspieler, Tänzer, Sänger und Artisten. Kein anderes Haus in Europa leistet sich diesen Aufwand, der freilich die Voraussetzung für die hohe künstlerische Qualität der Revueproduktionen ist

Dekoration

Fundus

Schlosserei

Malersaal

Tischlerei

Büros, Werkstätten, Garderoben
In diesem Trakt sind Maske und Garderoben für die Solisten, Tänzer und insgesamt rund 60 Personen untergebracht

Großfahrstuhl für Dekorationen
Er erfaßt die gesamte Breite der Hinterbühne und wird für einzelne Dekorationsteile gebraucht

Rechte Seitenbühne
Sie ist so groß wie die gesamte Hauptbühne. Ein Großteil der Gesamtdekorationen wird auf Bühnenwagen hierher bewegt

Treppenhaus

Bühne „Kleine Revue"

„Kleine Revue"
Bei Gastspielen und Eigenveranstaltungen des Palastes stehen 210 Sitzplätze an Tischen zur Verfügung

Foyer „Kleine Revue"

J. WILLBARTH 1999

Am Bühneneingang herrscht Hochbetrieb. Kostümierte Kinder, Mitwirkende bei der nachmittäglichen Revue „Hänsel und Gretel", schwirren durch den Gang auf dem Weg zur Maske. Nachzügler in dicken Winterjacken drängeln sich an der Pförtnerin vorbei in die Vorhalle, wo sie schon erwartet werden. Besucher tragen sich im Gästebuch neben dem Pförtnerhäuschen ein, ehe sie in den „Palast" Einlaß erhalten, der von außen ein wenig wie eine Festung wirkt – zumindest tagsüber, bevor er innen und außen im hellen Glanz zahlloser Lichter erstrahlt. Ein Labyrinth aus kargen, linoleumbedeckten Fluren erstreckt sich durch den Bau. Techniker in Arbeitskitteln, Tänzerinnen in Jeans, die sich erst abends in glitzernde Phantasiegestalten verwandeln werden, entschwinden in die Tiefen des Labyrinths oder werden von einer der vielen geheimnisvollen Türen geschluckt, die die langen Gänge säumen.

In der Vorhalle schweift der Blick über eine Reihe alter Kinosessel, bleibt an einem gelben Leuchtkasten über einer Tür hängen, auf dem in schwarzen Lettern „Pyrotechnik" zu lesen ist. Was mag sich dahinter verbergen? Vor dem inneren Auge entstehen Bilder von einem sprühenden Feuerwerk vor nachtdunklem Himmel, von Pülverchen und Sternenstaub, Schwefeldampf und brodelnden Flüssigkeiten, die eine kleine Gruppe Eingeweihter in einer von Blitzen durchzuckten Alchemistenkammer zum Zündstoff für pyrotechnische Kunstwerke verarbeiten. Doch diese Tür bleibt vorerst verschlossen. Der Weg zum Feuer(-werk) führt im Palast über das Licht, für dessen Gestaltung Lichtdesigner Olaf Eichler zuständig ist.

Aufstieg in den zweiten Stock: Hier hat Eichler, Jahrgang 1961, sein Büro. Man könnte es auch als Atelier oder Werkstatt bezeichnen. Denn in dem Raum, der mit Computer, Farbfächern, kleinen, bunten Glasscheiben und anderen optischen Utensilien sowie einer für meditative Zwecke wie geschaffenen Polsterecke bestückt ist, tüftelt der studierte Beleuchtungsmeister die „Lichtstimmungen" aus, von denen das Schauspiel auf der Bühne atmosphärisch lebt und ohne die es schlichtweg unsichtbar bliebe. Allein bei der Produktion „Joker", einer Revue, die um die vieldeutige, bildreiche Welt des Tarots kreist, wechseln die Lichtstimmungen 460mal, sind 1.300 Scheinwerfer im Einsatz, um das Geschehen zu unterstreichen und die Tänzer, Artisten und Sänger in den Fokus zu rücken.

„Das ist wie Malen", beschreibt Eichler sein Metier. „Die Arbeit an einer neuen Revue beginnt für mich im wahrsten Sinne mit dem Spinnen von Ideen, aus denen Phantasien und Bilder entstehen. Bei der Vorbereitung von ‚Joker' habe ich zunächst Bücher über Tarot gelesen, mir verschiedene Kartenspiele angeschaut,

mich in die Thematik vertieft. Für unsere nächste Produktion ‚Elements' habe ich mich dann ausgiebig mit den vier Elementen beschäftigt und mir überlegt, wie man beispielsweise das Element Feuer, dessen Entdeckung schließlich die ganze Menschheitsentwicklung geprägt hat, in Licht umsetzen kann. Oder wie man das Element Wasser mit Licht

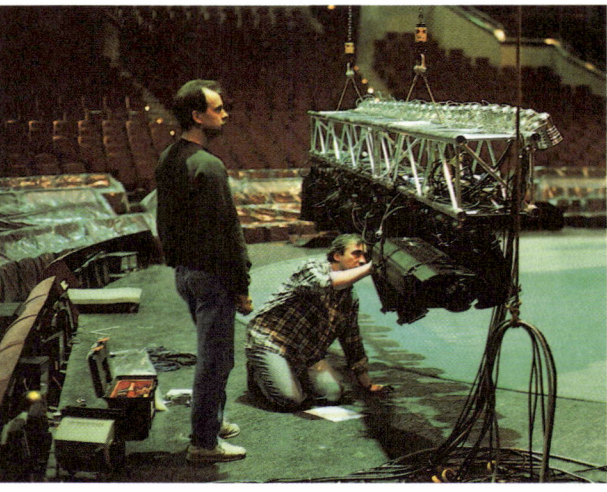

führen und es gestalterisch umgeben kann, damit es vom Publikum mit der Vorstellung des Frühlings, eines unserer zentralen Bilder für dieses Element, verbunden wird."

Die ersten Revuetheater und Varietés, von denen Lionel Richard in seinem Buch „Cabaret. Kabarett. Von Paris nach Europa" berichtet, müssen recht düstere Orte gewesen sein. In der Nachfolge der Ölbeleuchtung, die ab 1782 Theaterbühnen erhellte, setzte sich zwar um 1822 die Gasbeleuchtung durch, doch bei allem optischen Gewinn für Akteure und Publikum – Gaslichter waren nicht ungefährlich und verursachten so manchen Brand. Aus dieser Zeit stammt auch der Theater-Aberglaube, daß Pfeifen auf offener Bühne Unglück bringt: Fingen nämlich die Gaslichter an zu pfeifen, standen sie kurz vor der Explosion.

Erst mit der Entdeckung der Elektrizität ersetzten in der zweiten Hälfte des 19. Jahrhunderts allmählich Glühleuchten das flackernde und unberechenbare Gaslicht. Opulent ausgestattete „Feenstücke", in denen allabendlich Hunderte von Balletttänzerinnen ihre entblößten Beine im hellen Schimmer verspiegelter Lichter zeigten und die gesamte Bühne vor Gold und glitzernden Glasornamenten nur so funkelte, waren in Paris der letzte Schrei. Glimmer, Flitter, Marmor, Lichterglanz und überbordender Dekor bestimmten um die Jahrhundertwende auch den Stil von großen Häusern wie das „Orpheum" in Berlin, das New Yorker „Hippodrome", in dem 5.000 Zuschauer Platz fanden und in dem auf einer 70 Meter breiten, 40 Meter tiefen Bühne bis zu 600 Künstler und 150 Pferde präsentiert werden konnten. Im Londoner „Palace" agierten Künstler und Artisten bereits um 1890 im strahlenden Schein von 2.000 elektrischen Glühleuchten.

Trotz der immer spektakulärer werdenden Bühnenshows, ein rasanter Prozeß, der in den „goldenen" Zwanziger Jahren einen ersten Höhepunkt erreichte, waren die technischen Möglichkeiten damals vergleichsweise bescheiden. Erst mit der Weiterentwicklung der Beleuchtungstechnik durch den Film – ab 1919 arbeiteten Regisseure zusehends mit Kunstlichtaufnahmen – wurde auch die entsprechende Ausstattung in den Theatern immer differenzierter. „Früher war die Beleuchtung vor allem auf die Rampe und den Bühnenraum beschränkt", erklärt Eichler, „im Film war man zu Anfang noch auf Tageslicht angewiesen. Man konnte einen Raum erhellen, aber es gab kein spezifisches Licht, mit dem einzelne Aspekte oder Personen ausgeleuchtet werden konnten."

Mit Kohlebogenscheinwerfern, die eine relativ große Reichweite hatten, und Lichtstellwerken, mit denen die Beleuchtung stufenweise per Seilzug und Schieberegler wie bei einem Dimmer eingestellt werden konnte, ließen sich bereits wirkungsvolle Akzente setzen und unterschiedliche Nuancen des Lichts ausschöpfen. Nach und nach wurde die Beleuchtung in „Handarbeit" von elektronisch gesteuerten Scheinwerfersystemen übernommen. Doch noch bis in die siebziger Jahre hinein galt die Devise: „Je heller, desto besser."

Ein großer Trend damals, insbesondere bei Glamour-Revuen à la „Holiday on Ice", so Eichler, sei die Befestigung Hunderter von winzigen Glühbirnen an den Kostümen der Tänzer und Artisten gewesen. Im „alten" Friedrichstadtpalast wechselte die Lichtstimmung pro Revue etwa 60- bis 70mal (im Vergleich zu rund 500 Lichtwechseln bei heutigen Produktionen). Die Palette der Möglichkeiten reduzierte sich dabei weitgehend auf Hell und Dunkel sowie Variationen der „klassischen" Farben: Rot, Gelb, Blau und Grün.

„Anfang der achtziger Jahre", berichtet Eichler, „ging es dann schlagartig mit der Computertechnik los." Nach Umzug und Eröffnung des Hauses 1984 an der Friedrichstraße nahmen entsprechend die High-tech-Einrichtungen ganz neue Dimensionen an. Heute beherberge der Palast, so Eichler, die größte Laseranlage Europas. Vier sogenannte Argon Krypton-Laser sind in der Zentrale oberhalb des Saals fest installiert. Laser-Scanner, von denen es insgesamt acht Stück gibt, „splitten" den Strahl, die Lichtdaten werden dann über spezielle Faserleitungen bzw. Lichtbänke über die gesamte Bühne verteilt.

Die eigentlichen Laser haben eine für den Laien kaum vorstellbare Leistung von jeweils 10 Watt: Das ist 5.000mal mehr Leuchtkraft als ein „normaler" Laserstrahl in der Diskothek zustandebringt. Hinzu kommen über 1.000 Scheinwerfer, darunter rund 50 computergesteuerte Scheinwerfer – im Fachjargon „Licht-Scanner" und „Moving Lights" genannt –, mit denen über eine Million Farben und die unterschiedlichsten geometrischen Formen erzeugt werden können.

Der Einsatz dieser Technologie für die Lichtgestaltung im Theater ist übrigens, wie Eichler bemerkt, nicht zuletzt von den gigantischen, elektronisch gesteuerten Bühnenshows inspiriert worden, die Pop-Gruppen wie „Genesis" in den siebziger Jahren zu inszenieren begannen. Eine 35-mm-Filmanlage, die sogar hochmoderne Kinoanlagen in den Schatten stellt – immerhin muß eine Projektionsfläche von 60 Metern überbrückt werden –, und riesige Großbildprojektionen (mit Ausmaßen bis zu 24 x 10 Metern), die von vorn und von hinten auf die Bühne „geworfen" werden können, eröffnen weitere Möglichkeiten, Illusion und reales Geschehen ineinanderfließen zu lassen.

Wie läßt sich eine so ungeheuer komplexe Maschinerie, die im Palast von insgesamt 27 Beleuchtern in Gang gehalten wird, bändigen? Olaf Eichler, der seit 1983 am Haus arbeitet, wirkt wie die Ruhe in Person. Die Geheimnisse von Laserstrahlen, Lichtleitkabeln, dichroitischen Farbfiltern, mit deren Hilfe man, wie Eichler erläutert, „das gesamte Farbspektrum zusammenmischen kann", von Transmissionswerten oder gar die schwindelerregende Zahl von 1,2 Millionen Farbschattierungen, die durch Computertechnologie verfügbar geworden sind, schrecken ihn nicht, sondern bieten ihm ein schier unerschöpfliches Experimentierfeld.

Früher wurde die Lichtgestaltung noch am Zeichenbrett entwickelt. „Mit dem Computer sind heute die verrücktesten Sachen möglich", begeistert sich der Beleuchtungsmeister. „Wir haben Effektgeräte, mit denen wir bewegte Bilder, 3-D-Animationen, Feuer, Wasser, Regen und Schneefall auf die Bühne zaubern können." Eine Zauberei, hinter der monatelange Vorbereitung, umfangreiche mathematische Berechnungen, viel Kreativität und Teamarbeit steckt.

„Im Grunde kann man

Reise an den Rand der Sonne
Bühnenmeister Gerhard Schulz (r.), Aufbau einer Traverse für die 3-D-Projektoren

die Planung des Lichts auch mit der Choreographie eines Balletts vergleichen. Ich kenne hier im Haus jeden Scheinwerfer. Ich muß mir überlegen, wie jeder einzelne fokussiert werden soll, bevor er installiert und betriebsfertig gemacht wird, und ob die Lichtstimmung beim Publikum als eher unbewußte Wahrnehmung oder als direkte Konfrontation ankommen soll."

Mit Nummern werden die jeweiligen Farben angegeben, die bei den Hunderten von Lichtstimmungen (immerhin wechselt das Szenario im Ablauf einer Revue in der Regel alle sieben Minuten) zum Einsatz kommen – die sogenannte Transmissionszahl. „Es gibt allein 50 bis 60 Rottöne", sagt Eichler und klappt zur Demonstration einen Farbfächer wie einen Regenbogen auf. „Habe ich einen Farbton ausgewählt, meinetwegen 344-Violett, probiere ich mit dem Scheinwerfer aus, wie er auf der Bühne wirkt. Gemeinsam mit dem Regisseur und dem Bühnenbildner wird dann die Lichtstimmung perfektioniert – ‚Putzen' nennt man das beim Ballett. Vielleicht wird dann das Violett gegen ein 48er Blaulicht getauscht, weil's besser aussieht."

Das Ergebnis ausführlichen Planens und anschließenden „Putzens" ist ein durchkomponiertes Spiel mit dem Licht, das die tänzerischen, artistischen und musikalischen Leistungen auf der Bühne begleitet und hervorhebt, den fließenden szenischen Wechsel untermalt, aber auch als in die unterschiedlichen Lichtstimmungen eingebettetes, eigenständiges „Ereignis" spannungsreiche Höhepunkte setzt.

Für Laser-Spezialeffekte ist Ragnar Storch zuständig. Im Laser-Studio entwirft er am Bildschirm Computer-Animationen, die, wie er erklärt, im „Comicstrip-Prinzip" entstehen und vor dem Hintergrund einer Projektionsfläche aus Kunstnebel sichtbar werden. Der Nebel, der per Fernsteuerung oder – wie sich zeigen wird – auch noch im traditionellen Handkurbelverfahren auf die Bühne „gepustet" wird, dient als „Medium" oder als „Leinwand" für das bewegte Bild aus Licht. Auf einer Art Klaviertastatur lassen sich in der Laser-Zentrale die zuvor eingegebenen Animationen abrufen, beispielsweise die etwas gruselige Spinne, die bei der Kinderrevue „Hänsel und Gretel" ihr Netz in der Luft webt.

Gerade ist Storch dabei, für die Weihnachtsrevue „Jingle Bells" ein Märchenschloß von der gemalten Vorlage in eine Animation zu verwandeln. „Das Bild wird stilisiert, digitalisiert und in den Computer eingege-

ben", beschreibt er den Vorgang. Er projeziert eine Mini-Version des stilisierten Schlosses an die Wand des Studios, um die Wirkung zu testen. Bei „Jingle Bells" wird es dann um ein vielfaches vergrößert als strahlende Illusion auf der Bühne erscheinen. Doch auch damit sind die Grenzen des Machbaren längst nicht erreicht: Unter Einsatz aufwendiger Technik entwickelt die Lichtregie gemeinsam mit Multimedia-Spezialisten

für die Revue „Elements" erstmalig Holographien, virtuelle dreidimensionale Bilder, die alle bereits vorhandenen Licht-Effekte noch überbieten sollen.

Zurück auf den Boden der Realität. Henry Zabel, Ton-Chef und technischer Direktor des Palastes, bereits seit Anbeginn am Hause in der Friedrichstraße tätig, führt die Besucherin durch das Labyrinth der Flure hinunter ins Erdgeschoß, wo noch immer der gelbe Kasten mit der Aufschrift „Pyrotechnik" über dem mysteriösen Raum leuchtet (der sich allerdings als recht nüchterner Arbeitsraum entpuppt, in dem fein säuberlich auf Regalen die Zutaten für Blitz und Theaterdonner, Feuerfontänen und andere explosive Effekte unter der Aufsicht von Pyrotechniker Enrico Hadrich bewahrt und fachmännisch gemixt werden).

Unterwegs gewährt Zabel immer wieder Einblick in die Wunderkabinette, die sich in den Gängen hinter unauffälligen Türen verbergen. Beispielsweise der Kostümfundus, mit seinen endlosen Reihen von funkelnden und glitzernden, mit Perlen, Federn und Pailletten übersäten Gewändern. Oder der riesige Malsaal, in dem gerade zwei Bühnenkünstlerinnen damit beschäftigt sind, einen leuchtend blau angestrichenen Helikopter aus Pappmaché mit Watteschnee zu dekorieren,

Grünes Eis der Unterwelt
Auf einer künstlichen Eisfläche: Tänzer und Sänger John Marshall

Die ganze Welt der Bühne
Safety first: Techniker beim Installieren von Sicherungsseilen

während ein Mann im Overall auf dem Boden kniet und mit dem Pinsel eine breite Papierbahn in eine Landschaft verwandelt. Der 40 Meter tiefe Fahrstuhl, in dem lange, goldbemalte Bretter hinabtransportiert werden. Die Halle, in der gigantische Bühnenskulpturen entstehen, und in der nach einer kleinen Gipsvorlage die Theater-Bildhauerinnen für die Revue „Elements" ein monumentales Medusenhaupt aus Styropor geschaffen haben, dessen Gesichtszüge jetzt vom Baugerüst aus mit der Hand eingezeichnet werden. Der Ballettsaal, rundherum mit Spiegeln versehen, dessen Parkettboden von unzähligen Stunden intensiven Trainings beinahe stumpf getanzt ist. Oder das Atelier des Bühnenbildners, in dem eine Miniaturausgabe der Bühne samt winziger, detailgetreuer Requisiten auf einem Tisch aufgebaut ist wie eine Puppenstube für Fabelwesen.

Inmitten der 24 Meter breiten, rund 40 Meter tiefen Hauptbühne fühlt man sich plötzlich selbst wie eine winzige Gestalt im Haus eines Riesen. Henry Zabel, der mit seinen Mitarbeitern für die reibungslosen (ton-)technischen Abläufe im großen Zusammenklang zwischen Orchester, Sängern, Tänzern, Lichtgestaltung und Bühnenregie sorgt, gibt zu, daß er froh sei, hinter den Kulissen zu arbeiten, statt sich im Scheinwerferlicht über diese weite Fläche womöglich noch tanzend zu bewegen – gleichwohl der 1939 geborene technische Direktor des Hauses ein wirklich „alter Hase" im Theatergeschäft ist. Kein Wunder, allein beim Blick nach oben in atemberaubende 36 Meter Höhe bis zum Bühnenfirmament kann einem schon flau werden.

Mehrere Dutzend Hand- und Maschinenzüge, teils computergesteuert, bilden die sogenannte „Obermaschine". Auf der Seitenbühne sind 16 Bühnenwagen installiert, die, elektrisch auf Schienen betrieben, innerhalb von Sekunden die gesamten Bühnenbilder transportieren und verändern können. Für quietschfreie, gleitende Übergänge und Auftritte sorgt auch die versenkbare Drehscheibe auf der Hauptbühne, die einen Durchmesser von 18 Metern hat und hydraulisch auf einem Ölfilm läuft.

„Die Verwandlungen auf der Bühne müssen sehr schnell gehen, sie müssen ineinanderfließen, vor allem aber muß die Sicherheit gewährleistet sein", sagt Zabel, der im Gespräch echte Freude an den vielfältigen technischen und handwerklichen Herausforderungen im Palast vermittelt. Die Züge der Obermaschine beispielsweise werden zweimal im Jahr vom TÜV geprüft, weil die Menschen am Theater, wie Zabel bemerkt, „ständig unter schwebenden Lasten arbeiten", und bei jeder Aufführung stehen für alle Fälle Feuerwehrleute bereit. Womöglich wegen der Pyrotechnik? Zabel winkt lächelnd ab. „Jeder Regisseur will, daß es blitzt und knallt, aber bei echtem Feuer auf der Bühne ist natürlich höchste Vorsicht geboten. Deshalb gehen wir mit solchen Effekten sehr gezielt um. Bei einer Vorstellung in Las Vegas loderte aus einem Gasrohr eine 12 Meter hohe Feuersäule, aber so etwas wäre hierzulande gar nicht erlaubt."

Sein persönliches Lieblingsstück bei der bühnentechnischen Ausstattung ist das gläserne Wasserbassin, das auf einem hydraulischen Hubpodium von der Unterbühne im „Bauch" des Palastes auf die Vorbühne gehoben werden kann und mit Fontänen sowie Unterwasserscheinwerfern ausgestattet ist. Schließlich war er damals, 1982, mit von der Partie, als vier Mitarbeiter des Hauses mit 18 Mark Tagegeld in der Tasche von Ostberlin nach Paris entsandt wurden, um sich für den Neubau des Palastes in Sachen Bühnenausstattung zu informieren und inspirieren zu lassen. Das „Besondere", das sie suchten, fanden sie im berühmten Pariser Varieté „Lido": ein Wasserbassin, das in die Bühnenshow integriert war. Kurzerhand beschlossen sie, ein eigenes – allerdings mit 12 Metern Durchmesser doppelt so großes – zu bauen.

„Unser erstes Bassin bestand völlig aus Glas", erinnert sich Zabel, „aber bei der Größe und einer Wassermasse von 180 Tonnen funktionierte die Statik nicht, das Wasser floß aus. Wir haben dann ein Stahlbecken entwickelt, in das sieben große Verbundglasscheiben eingelassen sind." Seither ist der Aufstieg des von innen beleuchteten Bassins, in dem „Wasserballett" mit Synchronschwimmerinnen in Szene gesetzt wird, ein Höhepunkt vieler Palast-Revuen. Bei „Elements" wird zusätzlich zu den Fontänen ein loderndes Feuer installiert und aus 14 Metern Höhe ein Wasserfall, der zugleich als Medium für Laser- und Licht-Effekte dient, vom Bühnenhimmel direkt ins Bassin rauschen.

Mit dem Hubpodium, das das Wasserbassin emporträgt, kann je nach Bedarf und Inszenierung auch eine echte Eisfläche (bzw. eine mit eingebauten Scheinwerfern angestrahlte Acrylglasfläche) oder eine – mittlerweile selten genutzte – Zirkusmanege, die vor der deutschen Wiedervereinigung noch häufiger Schauplatz spektakulärer Raubtier- und Pferdenummern war, aus dem „unterirdischen" Hangar ans Licht gezaubert werden.

Ohne einen schaudernden Blick aus luftigen Höhen darf die Besucherin die Bühne nicht verlassen. Zabel hält die Tür zum Fahrstuhl auf, und dann geht's geradewegs steil nach oben, dorthin, wo sich das vierte Element ausbreitet, in dem wohl vor allem Engel und Akrobaten zu Hause sind. Die Aussicht von dem hölzernen Steg, der in 36 Metern Höhe einmal um den Bühnenraum herumführt, ist prächtig, aber beängstigend. Der Respekt gegenüber den Trapezkünstlern, die bei kaum einer Palast-Revue fehlen, steigert sich noch. Indes begreift man von hier aus erst, welche Fülle an Kulissen, Dekorationen und anderem Material un-

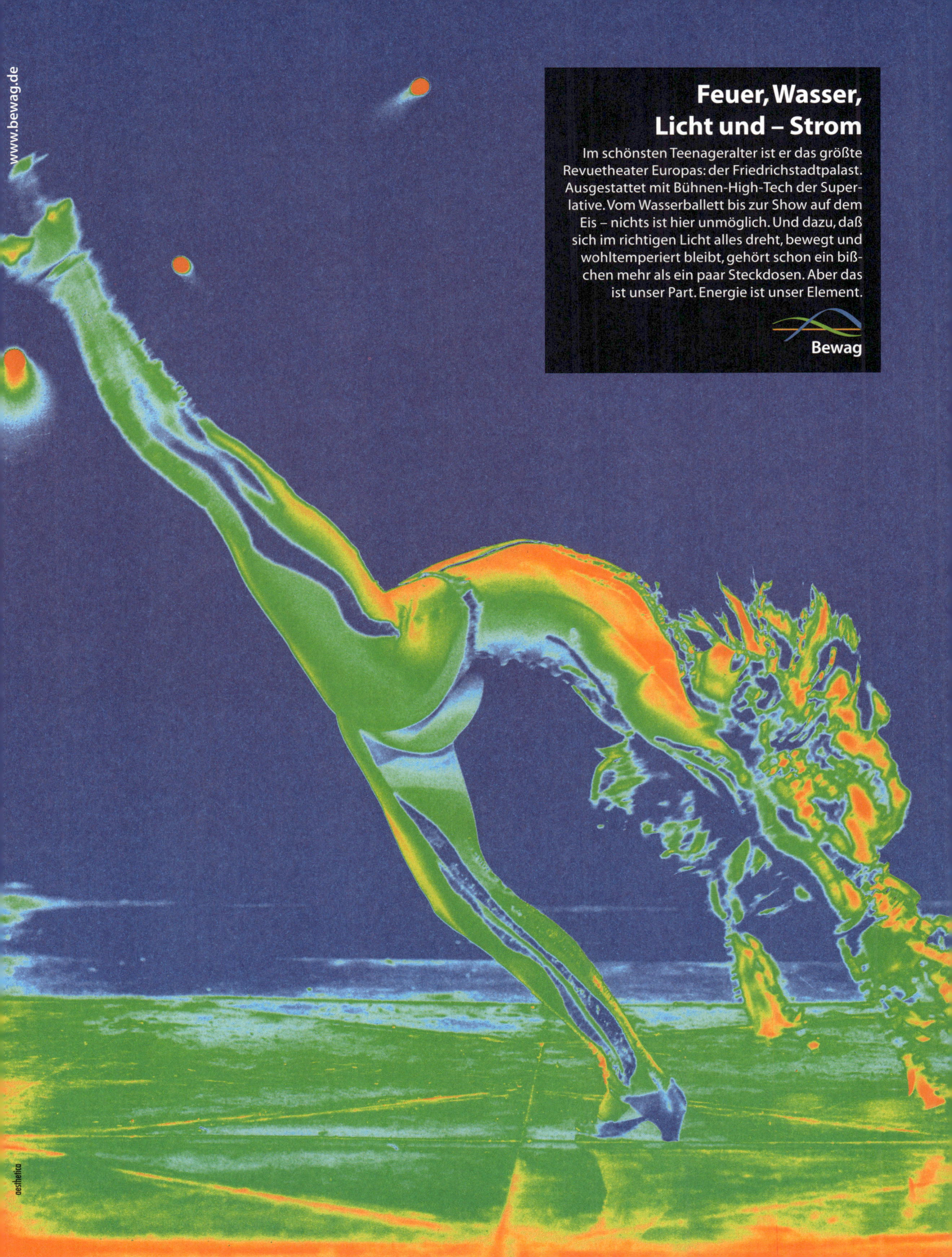

Feuer, Wasser, Licht und – Strom

Im schönsten Teenageralter ist er das größte Revuetheater Europas: der Friedrichstadtpalast. Ausgestattet mit Bühnen-High-Tech der Superlative. Vom Wasserballett bis zur Show auf dem Eis – nichts ist hier unmöglich. Und dazu, daß sich im richtigen Licht alles dreht, bewegt und wohltemperiert bleibt, gehört schon ein bißchen mehr als ein paar Steckdosen. Aber das ist unser Part. Energie ist unser Element.

Bewag

sichtbar fürs Publikum in den stabilen Seilen der Obermaschine hängt. Bliebe man eine Weile dort oben, könnte man gewiß erleben, wie Silberflitter, Schneeflocken oder Seifenblasen aus dem Bühnenhimmel regnen. Zabel schlägt scherzhaft vor, den Abstieg bzw. Abflug mit einem der Flugwerke, von denen mehrere an strategisch günstigen, hochgelegenen Punkten im Saal und im Bühnenraum angebracht sind, zu unternehmen. Doch selbst der sympathische Mond, in dem der Sandmann bei der Kinderrevue einmal quer durch den Publikumsraum gen Bühne herabschwebt, lud bei näherem Hinsehen nicht gerade zum Mitreisen ein. Vielleicht ein anderes Mal, wenn die Luft nicht so dünn wirkt.

Als wolle er beweisen, daß auch substantiell daherkommende Luft letztlich nichts weiter ist als Schall und Rauch, macht Zabel nach erfolgreicher Rückkehr auf festen Grund auf einen großen, alten Überseekoffer hinter einer Wand seitlich der Hauptbühne aufmerksam, der in Wirklichkeit eine Trockeneismaschine ist. Sie wird per Handkurbel betrieben und verbreitet über ein Rohr, das auf die Bühne führt, künstliche Nebelschwaden auf liebenswürdig altmodische Weise – allen computergesteuerten High-tech-Geräten, die hier im Einsatz sind, zum Trotz.

Henry Zabel ist vielleicht selbst so ein Grenzgänger zwischen Tradition und Innovation. Neben der komplexen „Aussteuerung" des Live-Gesangs und der genauen Abstimmung zwischen Ton, Licht und Bewegungsabläufen auf der Bühne ist er für die perfekte Klangübertragung eines leibhaftigen Orchesters verantwortlich: ein in bestem Sinne nostalgischer Luxus, den sich heute kaum noch ein (Revue-)Theater leistet. Entsprechend gibt es natürlich auch einen Orchesterproberaum und sogar ein mit analoger und digitaler Aufnahmetechnik ausgestattetes, professionelles Tonstudio mit angegliedertem Aufnahmesaal, in dem die acht Mitarbeiter der Tonabteilung unter anderem komplette CD-Einspielungen produzieren.

Während jeder Revue „regeln" die Toningenieure am 40-Kanal-Mischpult im Publikumsraum und an der 18-Kanal-Mikroport-Anlage hinter der Bühne die Stimmen und Instrumente. Die Tontechnik steuert auch das mit dem Zentralcomputer vernetzte „Tickerband", das dem Dirigenten rechtzeitig den Moment signalisiert, in dem das Orchester mit dem Rest des Bühnengeschehens auf den Punkt genau synchron sein muß.

Bis zu 500 Mikrofonanschlüsse sind auf die Pulte schaltbar, theoretisch könnten also die über dreihundert Mitarbeiter des Palastes alle gleichzeitig ein Lied intonieren. Dafür haben jedoch diejenigen, die nicht eigens zu diesem Zweck auf der Bühne stehen, keine Zeit: Schließlich sind sie Teil eines bis ins Detail durchkonzipierten Ablaufs, bei dem jeder Handgriff, jeder Ton und jeder Tanzschritt einer großen Gesamtchoreographie folgt.

Abends, bei der Abschlußvorstellung von „Joker", verblaßt für den Moment das Wissen um die zahllosen Arbeitsschritte, die hinter den Kulissen und an den

Monitoren ausgeführt werden, zugunsten der Illusion, die auf der Bühne lebendig wird. Licht nimmt Gestalt an und durchzuckt die Bühne, taucht die schillernd kostümierten Tänzerinnen und Sänger in immer neue Stimmungsbilder, während ein windumtostes Flammenmeer aus roter Seide aus der Tiefe emporsteigt, fabulöse Wesen vom Himmel schweben und die Musik mit der Artistin kühn das Seil erklimmt. Hohepriesterinnen und Narren, Tod und Teufel, Fortunas Rad und die Liebenden – ein märchenhaftes Kaleidoskop, in dem mystische und hochtechnologische Welten ineinandergreifen, erreicht sein fulminantes Finale.

Mit roten Rosen in den Händen winken die Tänzerinnen und Tänzer, die Gesangsstars und Akrobaten dem Publikum zum Abschied zu. Diese Vorstellung ist vorbei, aber die nächste kommt bestimmt: The Show must go on. Draußen hinterm Palast wartet schon der zwölf Meter hohe Tannenbaum, den Henry Zabel gemeinsam mit Kollegen eigenhändig im Wald gefällt hat, auf seinen Einsatz bei der Weihnachtsrevue. Noch während der Vorhang fällt, haben in den Tiefen des Labyrinths und hinter der Bühne die Vorbereitungen für den nächsten großen Auftritt längst begonnen.

Das elektronische Hirn der Maschine
Verborgen vor dem Publikum: Lichtregie (oben), Spotführer Tom Mommert

Die Deutsch-amerikanerin Belinda Grace Gardner lebt als freie Journalistin in Hamburg

18.20h
Radisson SAS Hotel

Sieht so aus, als hätten sie in fast jedem Geschäft eingekauft, das sie ihnen empfohlen hat.

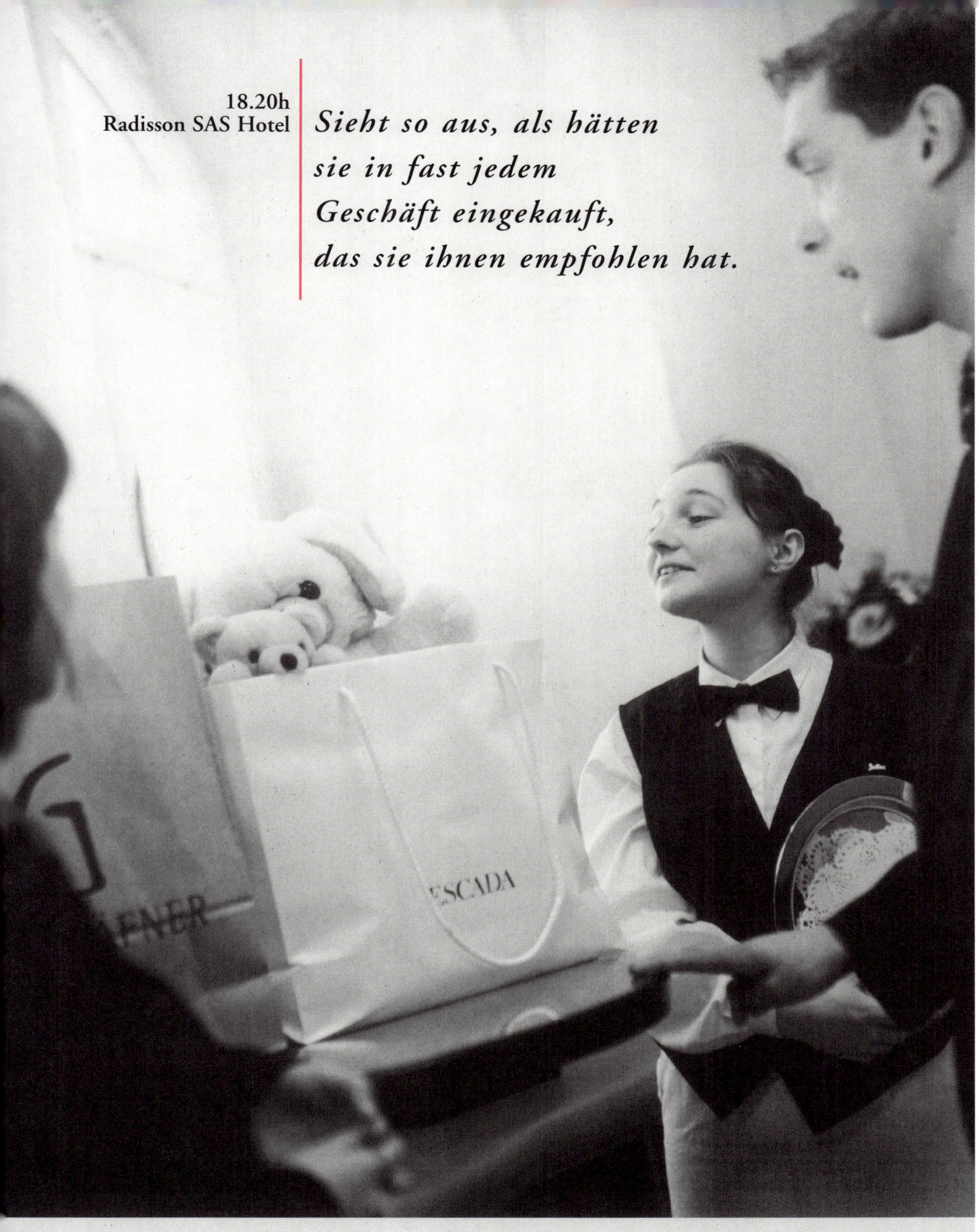

Weekend Breakaways

Eine Auswahl von Hotels, in denen Sie Weekend Breakaway Packages in Deutschland genießen können:

BERLIN ab
DM 255

DRESDEN ab
DM 295

DÜSSELDORF ab
DM 215

ERFURT ab
DM 180

HAMBURG ab
DM 240

RÜGEN ab
DM 210

Die oben genannten Preise sind Beispiele. Unsere 95 Radisson SAS Hotels finden Sie in 35 Ländern. Darunter in Deutschland und der Schweiz in:

Berlin
Cottbus
Dresden
Düsseldorf
Erfurt
Hamburg
Lübeck
Merseburg
Neubrandenburg
Rostock
Rügen (2)
Wiesbaden
Basel

Und bald in 5 weiteren Resortdestinationen in Deutschland.

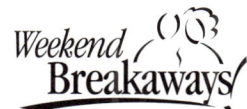

Radisson SAS
HOTELS WORLDWIDE
The difference is genuine.

Erleben Sie den Unterschied mit unseren Weekend Breakaway Packages. Top Musicals, Ihre Lieblingsgeschäfte für eine Shoppingtour, berühmte Sehenswürdigkeiten oder Sportveranstaltungen, feines Essen. Sie finden immer einen guten Grund, wahre Gastlichkeit in Ihrer Lieblingsstadt zu genießen. Nie vorher war so viel Genuß so erschwinglich. Reservieren Sie schnell - die Verfügbarkeit der Weekend Breakaway Packages ist begrenzt - nicht so unser Service!

Für Reservierungen in mehr als 370 Hotels weltweit rufen Sie bitte gebührenfrei die Reservierungszentrale unter Tel.: 0130-81 44 42 an oder wenden sich an Ihr Reisebüro.

Die genannten Preise verstehen sich für 2 Erwachsene im Doppelzimmer, inkusive Super Breakfast. Die Preise verstehen sich auf Anfrage und Verfügbarkeit und können sich ohne Vorankündigung ändern.

DIE ENTFESSELUNG DER ELEMENTE

Ein Revuetheater entsteht. Erst die Idee, dann die Skizze, dann das Buch. Aber nichts geht ohne die fleißigen Hände in den unterirdischen Werkstätten des Friedrichstadtpalastes. Constanze Treuber hat sich zwischen Leinen, Chiffon, Filz, Jacquard, Musselin, Tüll und Flanell, zwischen Mayapyramiden und Hieronymus Bosch umgesehen

Ein Schwelgen in Farben und phantastischen Dekors – die Kostümentwürfe und Figurinen für die amerikanische Sängerin Coco Fletcher zur Revueproduktion „Elements"

Wieviel Farben hat die Welt
Im Malsaal werden Details des Bühnenbildes entworfen

Das Universum und seine Herren
Bühnenbild für Prolog und Epilog (o.);
Regisseur Jürgen Nass (l.),
Bühnenbildner Bernhard Gowinkowski (m.), und
Uwe Maaß, Erfinder des 3-D-Verfahrens

Muse und Meduse
Theatermalerin Emilia Stantchewa gestaltet die letzten Details der großen Wintermaske „Tortura"

Von starken Männern in Form gebracht
In der Schlosserei werden Grundbauten, Requisiten und Spezialanfertigungen aus Metall gefertigt

Von Frauenhänden für Frauenkörper
In der Damenschneiderei werden allein 400 der rund 700 Damenkostüme für „Elements" gefertigt

Unterwelt der unbegrenzten Möglichkeiten. In den Werkstätten in den Tiefgeschossen herrscht größte künstlerische Sorgfalt und Liebe zum Detail. Handwerkliche Meisterschaft und hohes Qualitätsbewußtsein bestimmen das gestalterische Niveau der Revueproduktionen am Friedrichstadtpalast

Den Göttern zur Freude
Jedes Requisit – hier eine mythische Sonnenschale – transportiert eine Botschaft

**Der
Putzmacherin
über
die Schulter
geschaut**
Silvia Ganzer ist
verantwortlich
für alles, was den
Kopf ziert

**Schinkels
schöner Sternen-
himmel**
Im Malsaal
entsteht die Deko-
ration für
das Bild des
Universums

**Gut beschuht
durch die
Theaternacht**
Alle Spezial-
schuhe werden
von Dieter
Schölzel „über
den Leisten
geschlagen"

Zur Sonne, zur Freiheit
Sänger Peter Hiller (r.) im Gespräch mit Intendant Sascha Iljinski (m.), Regisseur Jürgen Nass (hl.) und Dramaturgie-Assistent Roland Welke (l.)

So wird es gemacht
Ballettdirektor
Roland Gawlik
im Gespräch mit
Choreographin
Gail Davis-Sigler
(m.) und Renate
Neumann

Alles unter Kontrolle
Inspizientin
Barbara Wiesner
an ihrem Pult

Invasion der Ungeheuer
Regisseur Jürgen
Nass im
Gespräch mit
vier Stunt-
Akrobaten

Die Richtung stimmt
Im Gespräch: (von links) Klaus J. Ohnesorge, Wolfgang Stiebritz, Birgitta Nass und Eleonora Alexandrowa

Der Teufel im Detail. Alles hängt ab von den Feinabstimmungen für die Sinne. Licht, Sound, Artistik und Choreographie bestimmen über den Erfolg der Produktion entscheidend mit

The sound of music
Toningenieure mit Chefdirigent Detlef Klemm am Tonpult

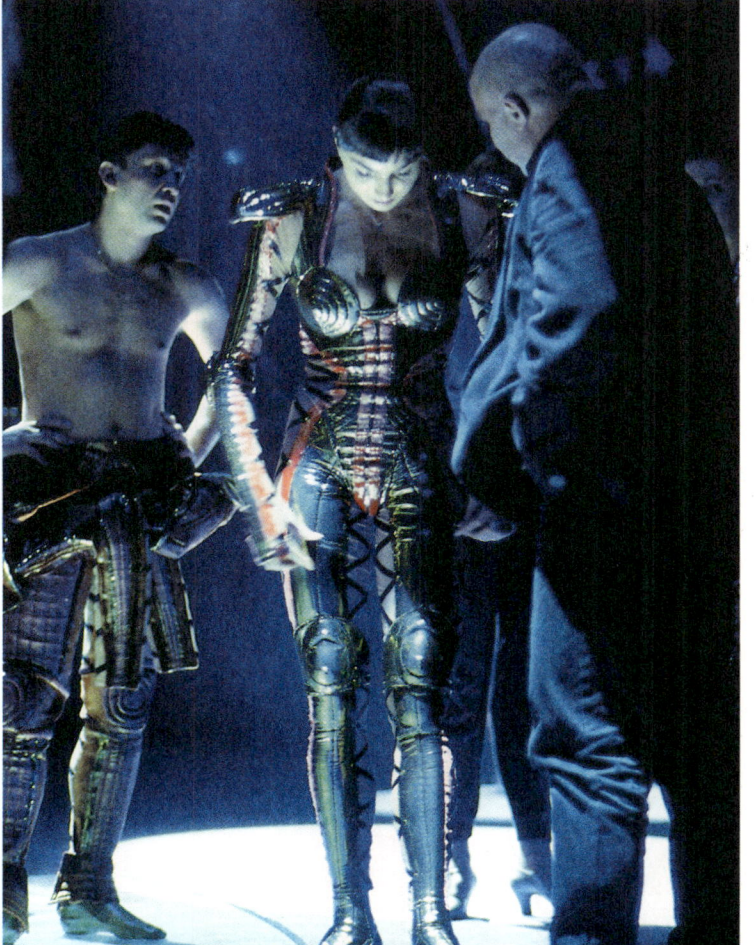

Vor dem Aufstieg
Artisten bereiten sich vor auf den Auftritt im Sonnenbild

Stimmt die Position? Proben zum Sonnen- bild

Stimme aus dem Dunkel Der britische Gesangsstar John Marshall

Nur stete Übung macht den Meister. Für das Ensemble ist der Weg nach oben schwierig: Hartes Training und Proben, immer wieder Proben, stehen vor dem großen Erfolg

Mach' mal Pause Tänzerinnen des Herbst- bildes entspannen sich

Schwinget die Beine!
Ballettkorepetitor Günter Cichowicz bei der täglichen Trainingsarbeit

Eleganz und große Geste
Die Anmut der Tänzer ist Resultat großen Fleißes

Furioser Sonnensturm
Bewegte Augenblicke im Leben der Sonnentöchter – getanzt auf dem Zentralgestirn

Zertanzte Schuhe
Am Ende wartet viel Arbeit auf den Theaterschuhmacher

Frau Plaschke ist Ende Vierzig, Wiederholungstäterin und statistisch gesehen gründlich erforscht. Hat sie sich im Friedrichstadtpalast einmal gut amüsiert, sieht sie sich gern auch die nächste und die übernächste Revue an; vor allem des Balletts wegen, aber auch auf gepflegten Gesang und opulente Ausstattung legt sie Wert. Oft reist sie als Touristin von weit her an, sie kommt auch aus Berlin und Umgebung, selten allerdings aus dem Ausland, bisher jedenfalls. Jeder im Palast kennt sie, obwohl niemand ihren

Vornamen weiß oder ihre Haarfarbe beschreiben könnte. Keiner erinnert sich, unter welchen Umständen Frau Plaschke geboren wurde und wie sie zu ihrem Namen kam. Eines Tages geisterte sie einfach hinter den Kulissen herum. Man spricht von ihr wie von einer guten Nachbarin oder einer lieben Cousine, vertraulich, aber mit einem gewissen Respekt. Sie ist nicht immer ganz berechenbar.

„Unsere Frau Plaschke", sagt Jürgen Nass. „Sie ist ein Phantom, der Inbegriff unseres Publikums. Die Durchschnittsbesucherin sozusagen." Wenn ihr Name fällt, weiß jeder, worum es geht. Entsteht eine neue Inszenierung, nimmt man Rücksicht auf ihre Wünsche, und auch Nass fragt sich von Zeit zu Zeit: Was würde wohl die Plaschke dazu sagen? Auf Kompromisse läßt er sich jedoch nur ein, wenn er sie verantworten kann: „Ich darf nicht am traditionellen Publikum vorbeispinnen, aber ich muß auch neue Seh- und Hörgewohnheiten beachten."

Jürgen Nass ist Spielleiter des Hauses und Regisseur der Revue „Elements", für die er gemeinsam mit Alexander Iljinskij auch das Buch schrieb. Etwa zwei Jahre vor einer Premiere werden halblaut erste Ideen gemurmelt, alles ist noch möglich, und niemand könnte mit Gewißheit sagen, ob am Ende eine Beatles-Revue oder eine Show über Feuer, Wasser, Erde, Luft und die vier Jahreszeiten herauskommt.

Bei den Beatles weiß man, was man hat, und das Konzept war schon recht weit gediehen, als die Autoren feststellten, daß sie die Rechnung ohne eine berühmte Witwe gemacht hatten: keine Beatles-Rechte für den Friedrichstadtpalast. Vielleicht war diese Absage eine

glückliche Fügung. Die Beatles waren sicher ein Jahrhundertereignis, aber ein Stoff, in dem das Universum und die Schöpfungsgeschichte eine Rolle spielen, ist einer Jahrtausendwende würdig, und man will die Revue ja auch noch in der Silvesternacht 1999 zeigen.

Ist der Bogen vom Prolog zum Epilog geschlagen, sind die kleinen Geschichten, die in vier Akten erzählt werden sollen, ausgereift und alle Szenen und Abläufe bis ins Detail durchdacht, dann, ein gutes Jahr vor dem geplanten Premierentermin, stellen die Autoren das Buch dem Komponisten, den Choreographen, dem Bühnenbildner und der Kostümbildnerin vor. „Irgendwann", sagt Jürgen Nass, „richtet Phantasie allein nichts mehr aus. Dann muß gewissenhaft Punkt für Punkt abgearbeitet werden."

Die Inszenierung nimmt Gestalt an, indem sie zunächst einmal in kleine Mosaiksteinchen zerfällt, die erst am Ende wieder zum kompletten Bild gefügt werden. Doch ganz geht der Zusammenhang nie verloren. Die einzelnen Werkstätten und Abteilungen sind viel zu sehr aufeinander angewiesen, als daß sie ihre Aufgaben völlig isoliert erfüllen könnten. Was ist das schönste Bühnenbild wert, wenn sich die Kostüme mit ihm beißen oder wenn es von den Beleuchtern nicht ins rechte Licht gerückt wird? Man schaut, was die anderen machen, und stimmt sich ab, die Tänzerinnen eilen vom Ballettsaal zu den Anproben in die Schneiderei und dann auf die Bühne, wo für die aktuelle Abendvorstellung geprobt wird, und der Regisseur hält sowieso alle Fäden in der Hand.

Sobald man den Bühneneingang des Friedrichstadtpalastes passiert hat, kann man sich in den oft menschenleeren Fluren hoffnungslos verlieren. Sie sind mit erbsengrüner Ölfarbe von zweifelhafter Schönheit gestrichen und scheinen immer in die Irre zu führen. Glaubt man Leuten, die lange genug geübt haben, ist es ganz einfach: Der große Saal liegt in der Mitte des Hauses, die Gänge führen auf mehreren Etagen rundherum, und wenn man weit genug läuft, kommt man stets wieder am Ausgangspunkt an. Aber das ist vielleicht nur ein Märchen, das Eingeweihte dem Fremden auftischen, um sich an seiner Verwirrung zu weiden. Wenigstens ist der Weg zur Kantine deutlich ausgeschildert, aber man kann auch an eine der vielen Türen klopfen. Wenn man Glück hat und sie nicht zu irgendeinem Treppenhaus führt, landet man vielleicht bei einer Musteranprobe in der Damenschneiderei.

Es geht zu wie bei einer Chefvisite. Andrea Kleber ist da, die die Kostüme für „Elements" entworfen hat, Kostümdirektorin Ingrid Böttcher, eine Assistentin, Meisterin Andrea Santore, eine der Putzmacherinnen und oft auch der Regisseur. Sie bilden einen Halbkreis um eine Ballerina, die im blauen Paradiesvogelkostüm gottergeben vor einem großen Spiegel steht. Nur ihre komischen Grimassen verraten, daß Stillhalten nicht zu ihren Lieblingsbeschäftigungen zählt. Vorsicht ist

Zeit der Häutungen
Unter Pinsel und Schminke verwandelt sich manches Gesicht

geboten, das prächtige Gefieder ist nur lose mit Nadeln auf das zarte Trikot gesteckt, doch die Anprobe geht ohne spitze Schreie vonstatten. Hier noch ein paar Federn, dort einige blaue und silberne Pailletten, die Meisterin prägt sich die Wünsche der Kostümbildnerin ein, um sie anschließend gleich an die für den blauen Vogel zuständige Schneiderin weiterzugeben. Andrea Kleber ist zufrieden. Nicht jede Anprobe verläuft so reibungslos, oft sind an einem einzigen Kostüm viele Details zu ändern. Da soll ein Trikot, das nicht straff genug sitzt, abgenäht werden, verschiedene Kupfertöne, die nicht richtig zusammenpassen, müssen aufeinander abgestimmt werden, ein paar goldene Schuppen sind neu zu arrangieren, ein freier Nacken ist durch zusätzliche Garnituren am Helm zu kaschieren, und ein Reißverschluß sitzt an der falschen Stelle. „Ich verabscheue Reißverschlüsse, die mitten auf dem Rücken sitzen", sagt die Kostümbildnerin. „So ein Verschluß soll unauffällig in einer Naht oder unter einer Applikation verschwinden." Sie weiß genau, was sie will und muß bei den Anproben nicht lange überlegen; ihre Änderungswünsche äußert sie prompt und klar. Andrea Kleber hat jede Figurine, jedes Gewand, jeden Kopfputz und jedes Accessoire selbst gezeichnet, sie hat die Auswahl der Stoffe bestimmt und noch das geringste Detail im Gedächtnis gespeichert. Sie ist auch in Kleinigkeiten unbestechlich und gibt sich mit dem Zweitbesten nicht zufrieden. „Das sieht man doch sowieso nicht" ist für sie kein Argument, im Friedrichstadtpalast wird sie es aber auch kaum zu hören bekommen. Sie weiß, mit wieviel Akribie, Fingerspitzengefühl und Liebe alle Schneiderinnen zu Werke gehen. Es gehört zur Berufsehre, sich selbst keine Nachlässigkeit durchgehen zu lassen und kleine Mängel nicht einfach oberflächlich zu kaschieren. Unzulänglichkeiten „vertanzen" sich auf der Bühne nicht so leicht. Frau Plaschke sieht genau hin, auch wenn sie nicht auf den teuren Plätzen in der ersten Reihe sitzt. Andrea Kleber liebt an ihrem Theaterberuf die Symbiose von Kunst und Handwerk. Ein Revuekostüm muß nicht nur prächtig, duftig, witzig, verführerisch, frech, elegant oder romantisch – kurzum: auffallend schön und originell – anzusehen sein, sondern auch den Intentionen des Regisseurs folgen und obendrein ein paar hundert Vorstellungen überstehen, es muß sich blitzschnell wechseln und leicht reinigen lassen und vor allem den Akteuren die nötige Bewegungsfreiheit geben. Die Kostümbildnerin ist froh,

wenn sie bereits zu Beginn ihrer Arbeit die Choreographien kennt, oft aber muß sie „blind" arbeiten. Sie denkt beim Entwerfen die Bewegung mit, doch in der Praxis sind häufig noch Verbesserungen nötig, und sel-

ten ist es damit getan, einfach einen Schlitz ins Kleid zu schneiden.

Nicht nur in solchen Fällen sind die Erfahrung und der Erfindungsreichtum der Schneiderinnen gefragt. Für sie beginnt die Arbeit mit der Stückeinführung und der Vorstellung der Figurinen, und wenn sie wollen, können sie sich nun von der neuen Revuemusik beflügeln lassen. Der Regisseur hat Kassetten mitgebracht. Meisterin Andrea Santore kann alle Kostüme beschreiben, ohne einen Blick in die dicke Figurinen-Mappe mit den angehefteten Stoffproben zu werfen. Wenn sie die Schnitte entwickelt – für jede Tänzerin einen eigenen, die kleinste ist 1,60, die größte 1,76 Meter hoch gewachsen – nähert sie sich den Vorstellungen der Gestalterin mit Einfühlungsvermögen und sechstem Sinn. „Man kann eine Figurine so oder so lesen", sagt sie. „Am Ende muß Frau Kleber aber ihren Entwurf im fertigen Kostüm wiedererkennen." Andrea Kleber arbeitet nicht zum ersten Mal als Gast am Friedrichstadtpalast, und Andrea Santore versteht sich mit ihr meist ohne viele Worte. Die besondere Sensibilität für Reißverschlüsse ist da eher ein Problem am Rande. „Ich weiß schon", sagt die gewitzte Schneidermeisterin. Diesmal hat sie gleich einen Ausschnitt entworfen, der manchen Reißverschluß überflüssig macht.

Kostümdirektorin Ingrid Böttcher, Chefin von zwanzig Frauen und Männern in der Damen- und Herrenschneiderei, in der Putzmacherei, der Schuhmacherei, im Fundus und von zehn Ankleiderinnen, die während der Vorstellungen den Abenddienst versehen, muß den Überblick behalten und möglichst an alles zugleich denken. Sie ist dabei, wenn die Musterbücher gewälzt und aus Tausenden von Proben – Trikot, Leinen, Chiffon, Filz, Jacquard, Musselin, Tüll, Pikee, Krepp, Samt, Flanell, Seide, Gold- und Silberlamé, Rips, Leder, Kunstleder, Folien in allen nur vorstellbaren Farbtönen und Qualitäten – die geeigneten Materialien und die Zutaten wie Borten, Bänder, Straß, Perlen, Pailletten und Federn ausgesucht werden. Manche Kostüme bestehen aus zwanzig verschiedenen Stoffen, hin und wieder muß ein Gewebe sogar extra angefertigt werden.

„Und was kostet das?" Manchmal schmerzt es die Kostümdirektorin, diese Frage immer zuerst stellen und dann vielleicht auf einen besonders schönen Stoff verzichten zu müssen. Von den gut und gern sechseinhalb Millionen, die, neben den laufenden Ausgaben für Personal, Verwaltung und Betrieb, in eine neue Produktion fließen, bekommt die Kostümabteilung ihren gebührenden Anteil, verschwenderischen Luxus aber darf kein Gewerk treiben.

Während unter Hochdruck Kopfputz, Schuhe und 800 Kostüme für die neue Show hergestellt werden, denkt Ingrid Böttcher schon an die nächste Kinderrevue, für die sie die Garderobe wieder selbst entwerfen wird. Eine Inventur im Stofflager steht an, der Fundus möchte ausrangierte Stücke verkaufen und fragt nach den Preisen für Seppelhosen und Tirolerhüte, die Nikolauskostüme der Weihnachtsrevue müssen gegen die Fräcke der Silvestershow ausgetauscht werden, und außerdem ist Vorsorge für notwendige Umbesetzungen in den laufenden Vorstellungen zu treffen. Es soll nicht noch einmal vorkommen, daß sich ein stattlicher blonder Recke in das Kostüm eines zierlichen Japaners zwängen muß. Fremden Menschen, die sich zum Fasching als Bajazzo oder Bajadere verkleiden wollen, gibt sie die telefonische Auskunft, daß der Friedrichstadtpalast kein Kostümverleih sei, daß sie sich aber an diese oder jene Firma wenden könnten, und immer, das ist ihr fester Vorsatz, will sie freundlich, geduldig, vertrauenswürdig und gerecht bleiben. Ingrid Böttcher weiß, wann es höchste Zeit ist, sich mit einem reichlichen Vorrat an Johanniskrautdragees einzudecken.

Bernhard Gowinkowski schlägt die Anspannung meistens auf den Magen, obwohl die Ärzte meinen, organisch sei bei ihm alles in Ordnung. Zu Beginn raubt ihm die kribbelnde Herausforderung den Schlaf, ein weißes Blatt Papier mit den phantasievollen Gebilden zu füllen, die in seinem Kopf entstehen. Zum Schluß packt ihn die Aufregung, rechtzeitig und zu aller Zufriedenheit, auch zu seiner eigenen und der seiner Mitarbeiter, mit einer Herkulesarbeit fertig zu werden. Nach der Premiere hat der große, schlanke und eigentlich sehr ausgeglichen wirkende Mann für gewöhnlich sechs, sieben Kilo abgenommen.

Gowinkowski ist künstlerischer Koordinator für Ausstattung am Friedrichstadtpalast und Bühnenbildner bei „Elements". Er hat die zusammenklappbare Vegetation für das Frühlingsbild erfunden, die sich, an Schnüren in die Höhe gezogen, zu einem zarten Wunder an verschlungenen Linien und schillernden Farben entfaltet, die geheimnisvolle Mayapyramide für den Sommer, den opulenten venezianischen Garten für den Herbst und die äußerst komplizierten Eisschollen für den Winter. Nur der kobaltblaue Prospekt mit den schimmernden Atlassternen, der im Prolog die verblüffende Illusion eines weitgespannten herrlichen Himmelszeltes schafft, der ist von Schinkel. Anleihen bei der Kunstgeschichte sind erlaubt. Auch die Hieronymus-Bosch-Szenerie im ersten Akt ist abgekupfert, dafür wird sie aber mit einer Technik auf die Bühne projiziert, die dreidimensionales Sehen ohne Spezialbrille erlaubt und dem Auge Dinge vorgaukelt, die gar nicht vorhanden sind. Der Bühnenbildner nutzt die Möglichkeiten der Holographie für Szenen von besonderer Üppigkeit, entwickelt wurden sie aber von einer Spezialfirma.

Bernhard Gowinkowski bleibt lieber in seinem Metier. Wenn die gezeichneten Entwürfe Gnade vor den Augen des Intendanten und des Regisseurs gefunden haben, beginnt er mit dem Bau der maßstabgerechten Modelle. Im Puppenstubenformat ist alles wie auf der richtigen Bühne, die

Drehscheibe und der fahrbare Hinterbühnenwagen, die Seitenbühnen, die Beleuchterbrücke und der Schnürboden mit seinen mehr als fünfzig Zügen, in die Vorhänge, Traversen, Soffitten, Dekorationsteile und Requisiten eingehängt werden können, natürlich auch der Schinkelprospekt. Auf der großen Bühne gibt es spielführende Bühnenmeister, Seitenbühnenmeister, Schnürbodenmeister und Bühnenarbeiter, die im scheinbaren Chaos die Ordnung erkennen und bewahren. Am Modell kann man alles selbst hin und her und auf und ab bewegen, drehen, schieben, ziehen – ein herrliches Spielzeug, ehe sich der Bühnenbildner einer eher nüchternen Arbeit widmet und für jedes Teil der Ausstattung exakte Werkstattzeichnungen mit genauen Maßen und Materialangaben anfertigen muß, die den Schlossern, Tischlern, Malern, Dekorateuren und Kascheuren als Vorlage dienen.

Die Dekorationen, die im Malsaal entstehen, sind so groß, daß sich die Maler nur aus großer Höhe einen Überblick verschaffen können. Von einer Brücke herab vergewissern sie sich, ob alle Proportionen stimmen und den barocken Putten die goldenen Nasen auch mitten im Gesicht sitzen. Die Theaterplastiker modellieren mit bildhauerischer Kunstfertigkeit einen Kopf aus Styropor – Pappmaché hat ausgedient – von sechs mal zehn Metern, der sich durch eine Drehung in ein futuristisches Raumschiff verwandeln läßt. Die riesige Bühne des Palastes will erst einmal gefüllt sein. „Mickrig hat bei uns noch nie was ausgesehen", sagt Bern-

Dicke Männer um mich
Die Lust des Frühlings kleidet sich sehr üppig

hard Gowinkowski, „eher bauen wir mal ein Teil zu groß." Einer Kopie der Freiheitsstatue mußte er einmal die Coladose vom hochgereckten Arm sägen, sie hätte sonst nicht auf die Bühne gepaßt.

In der Nacht, nach der mehrtägigen strengen Bühnenbildabnahme, streichen Gowinkowski, seine Assistentin Francesca und ein barmherziger Freiwilliger aus dem Malsaal tausend Quadratmeter Bühnenboden blau und besprenkeln ihn verschwenderisch mit silbernen Sternen. Am nächsten Morgen muß die Farbe trocken sein, damit die Beleuchtungsproben pünktlich beginnen können. Jetzt, vier, fünf Wochen vor der Premiere, beginnt die Phase, in der Bernhard Gowinkowski am liebsten sein Feldbett neben der Bühne aufschlagen würde.

Lichtdesigner und Beleuchtungsmeister Olaf Eichler, Herr über 1.300 Scheinwerfer und Hunderte von Farbkonstellationen, über sechzig Kilometer Leuchtfaser, siebenhundert wechselnde Lichtstimmungen pro Show und immer neue raffinierte Spezialeffekte, über Strahlennebel, undurchdringliche Lichtvorhänge und Laserexplosionen, hat mit seinen Mitarbeitern ein Jahr lang getüftelt und gebaut, um jetzt nur lapidar zu sagen: „Das Licht war gut, wenn nach der Vorstellung keiner drüber redet." Frau Plaschke nimmt die ausgeklügelte Beleuchtung für gewöhnlich als gegeben hin, und das findet Eichler ganz in Ordnung. Die meisten Zuschauer werden erst bei einer Panne aufmerksam, und wenn sie geringfügig ist, nicht einmal dann. Um so mehr freut es ihn, wenn besonders eindrucksvolle Lichteffekte doch einmal Applaus bekommen.

Wenn am schwarzen Brett des Orchesterbüros der Aushang „Bitte alle Kollegen ihre aktuellen Konfektionsgrößen ansagen" erscheint, wird es richtig ernst. Neue Anzüge, Hemden und Krawatten für die Musiker besorgt die Kostümabteilung fast zuletzt und nebenbei. Das Ballett, den größten Teil des Jahres mit sechs Vorstellungen in der Woche, mit vormittäglichem Training und vielen Umbesetzungsproben ausgelastet, kann nun, da der Spielbetrieb für ein paar Wochen ruht, endlich intensiv die neuen Choreographien einstudieren. Im Reich von Ballettdirektor Roland Gawlik herrscht morgens und abends jeweils vier Stunden lang konzentrierte Probenatmosphäre. Gleichzeitig wird, zunächst mit Kleiderständern, die Wirkung der Kostüme im Szenenbild begutachtet, dann bringt das Ballett Bewegung ins Bild, und der Regisseur übernimmt das Oberkommando über alle Vorgänge auf, neben und hinter der Bühne. Die Mosaiksteine fügen sich ineinander.

Wenn die Artisten und Gesangssolisten zu den Endproben anreisen, beginnt die kochendheiße Phase, in der sich der Arbeitstag für manche von morgens um neun bis lange nach Mitternacht hinzieht. Casting-Chef Achim Kujawa hat zu diesem Zeitpunkt seine

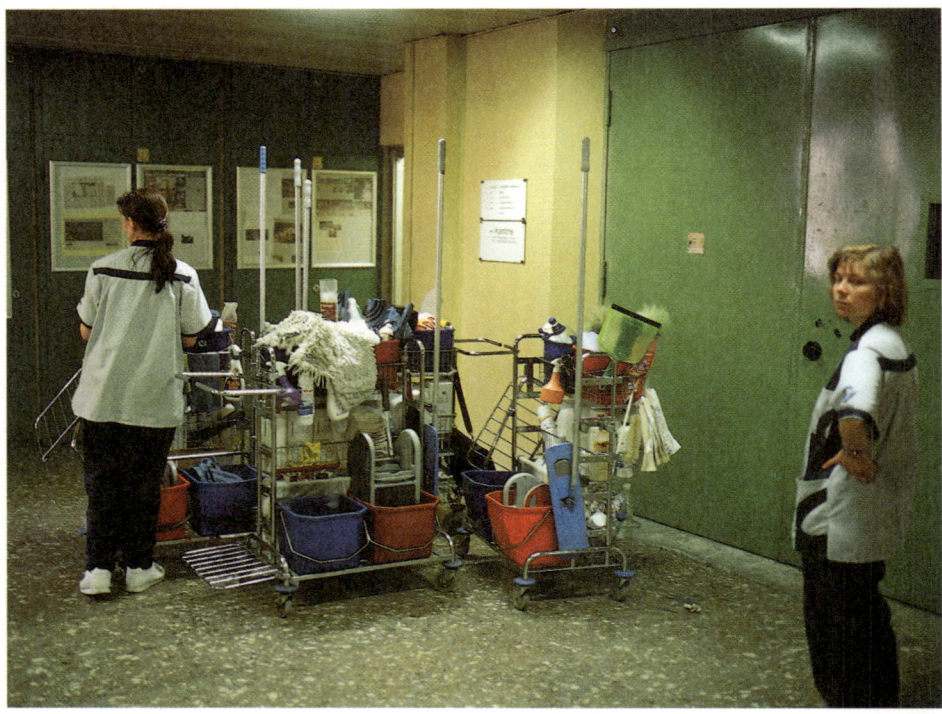

wichtigste Aufgabe schon erfüllt: über hundert Solisten zum Vorsingen empfangen, nach einem strengen Auswahlverfahren mit dreien die Verträge ausgehandelt, Zirkusfestivals und Shows in aller Welt besucht, Agenturen mit weitreichenden Verbindungen bemüht und vier artistische Weltklassenummern engagiert. Jetzt ist vor allem der Betreuungsservice seiner Abteilung gefragt, damit sich die Gäste wohlfühlen und es nicht noch einmal geschieht, daß ein ausländischer Künstler kurz vor der Vorstellung auf einem Polizeirevier festgehalten wird, weil er irgendein Papier nicht bei sich hatte.

Das Buch zur Revue hat mehrere Metamorphosen durchgemacht. Jede Änderung hat einen Rattenschwanz kleiner Erdbeben in allen Bereichen nach sich gezogen und die Nerven des Personals ein wenig straffer gespannt. Die Elemente sind entfesselt, und Jürgen Nass sehnt den Tag nach der Premiere herbei. Wenn Intendant Alexander Iljinskij ans Mikrofon des Inspizienten tritt, allen Beteiligten für ihre Arbeit dankt und toi, toi, toi für die Uraufführung von „Elements" wünscht, wäre er am liebsten nicht dabei. Nass kennt einige Regisseure und Choreographen, die sich den angstvollsten aller Momente nicht zumuten und den Abend abseits des Premierenfiebers verbringen.

„Hauptsache, der Vorhang geht hoch, und die Leute klatschen", sagt Bernhard Gowinkowski mit vorgetäuschter Gelassenheit. Jürgen Nass wünscht sich, daß die Leute noch viel mehr klatschen, wenn sich der Vorhang nach der Vorstellung wieder senkt. Er denkt dabei weniger an die geladenen Gäste des Premierenabends, er denkt vor allem an Frau Plaschke, die ihr Billett selbst bezahlt und den Friedrichstadtpalast am nächsten und am übernächsten und an allen folgenden Abenden nach einer gelungenen Vorstellung mit frohem Herzen verlassen soll.

Groß-Reinemachen
Die Feen der Nacht im Palast sind die Raumpflegerinnen

Constanze Treuber lebt als freie Journalistin in Berlin

Ein Schritt umspannt die Elemente
Szene aus dem Prolog – Solo-tänzer unter dem Sternenhimmel

DIE PIONIERE DES PALASTES

Die Vorgeschichtes des Friedrichstadtpalastes begann mit dem kulinarischen Erwachen der preußischen Wüste. Es folgten Pleiten, Pech und Pannen, bevor der Glamour Einzug hielt. Wolfgang Albrecht hat sich auf die Spur begeben: Die Geschäfte eines Eisenbahn-königs, die Glanzzeiten des Zirkus, das große Theater

TEIL 1: MARKT DER EITELKEIT

Ach, Berlin! Gegründet auf märkischem Sand und Sumpf schickst du dich an, Großstadt von europäischem Format zu werden und Weltstadt zugleich. Überholen ohne einzuholen – das ist, im Wesen der Sache, keine Erfindung aus roter Zeit. Denn wir schreiben das Jahr 1867. Berlin hat 700.000 Einwohner und wird innerhalb der nächsten vier Jahre um weitere 120.000 Menschen wachsen. Berliner Tempo, Berliner Pfiff. Noch kann vom Palast der Träume, Illusionen und schönen Menschen in der Friedrichstadt keine Rede sein, jedoch das Fundament ist gelegt ...

Dies ist eine kurze Geschichte der Entstehung des Friedrichstadtpalastes. Wie jede Geschichte hat auch sie ihre Vorgeschichte. Die beginnt mit einem Mann, der nach Berlin kommt, um „Großes zu leisten" und in den Augen seiner Bewunderer und Neider für eine kurze Zeit gar eine Art König zu werden.

Ihren Anfang nimmt diese Vorgeschichte allerdings mit einer Vor-Vorgeschichte, und die schrieb im Jahre 1865 die Berliner Immobilien AG mit einer gewissen geschäftlichen Transaktion.

In jenem Jahre nämlich wurde am sumpfigen Ufer der Spree auf einem Grundstück zwischen Karlstraße und Schiffbauerdamm der Grundstein gelegt für Berlins erste große Markthalle. Die größte deutsche Stadt sollte etwas erhalten, das in Wien oder Paris schon längst das Flair des Weltstädtischen ausmachte.

Doch während dort Dienstmägde und Chefs de la cuisine in gepflegtem merkantilem Ambiente Spezereien und Delikatessen für zarte Soufflés und getrüffelte Gänseleberpasteten erstanden, kaufte Mariechen aus Treuenbrietzen auf einem der zahllosen Berliner Wochenmärkte in Novemberregen und Sommerhitze Teltower Rübchen, uckermärkische Nudeln, gepökeltes Eisbein oder fette Karpfen für ihre Herrschaft ein. Stets war sie dabei umgeben von einer wabernden Wolke, in der es nach geronnenem Blut, vergammeltem Fisch, faulenden Äpfeln und frisch gefallenem Pferdemist stank. Mariechen, nichts anderes gewöhnt, rümpfte nicht einmal die Nase. Die Herrschaft in der Beletage der Preußen-Metropole, auf dem Wege zu Höherem, zur Weltstadt befindlich, träumte jedoch – Neu-Deutsch gesprochen – von kundenfreundlicheren Strukturen im Einzelhandel und von einem Wandel in der Angebotssituation.

Also eine Markthalle sollte es sein. Stattliche 84 mal 64

Henry Strousberg. Eisenbahnpionier, gründete die Berliner Markthalle, Vorläufer des Friedrichstadtpalastes

Meter im Grundriß, dem Vorbild der Wiener Zentralmarkthalle folgend, und dem Geheimen Regierungsrat Hitzig samt seinem Baumeister Lent ward die Oberbauleitung übertragen. Auf 311.000 Taler wurden vorab die Baukosten veranschlagt.

Doch wer auf morastigem Grund baut, muß mit Bodenlosem rechnen. So verschlang allein das Fundament schon fast das gesamte Volumen der geplanten Bausumme. Das brachte die Berliner Immobilien-AG in arge Bedrängnis.

Nun endlich kommt jener Mann auf den Plan, dem das satirische Journal „Kladderadatsch" im Jahre 1870 die „Bürgerkrone" aufsetzen wird. Die Rede ist vom Eisenbahnkönig Bethel Henry Strousberg. Strousberg erblickt am 20. November 1823 im ostpreußischen Neidenburg das Licht einer sich auf raschen Wandel vorbereitenden Welt. Noch Bartel Heinrich genannt, beschließt der junge Mann früh, das Tempo dieser Weltveränderung entscheidend mitzubestimmen. Er geht nach England, um modernes Wirtschaften an der Wiege des Kapitalismus und der Industrialisierung zu erlernen.

Später auf den Kontinent zurückgekehrt, zieht es ihn nach Berlin, und von hier aus macht er sein Glück und seinen Erfolg in Eisenbahnen. Die Strousbergschen Schienenstränge eilen bald von der Metropole über die märkische Heide, bringen Berlin aus allen Himmelsrichtungen auf Trab und reichen schon nach wenigen Jahren weit über Preußens Grenzen hinaus. Selbst über die Schluchten des Balkans führen die Brücken und der Siegeszug der Strousbergschen Bahnen, ehe er, der Wohltäter Berlins, im weltwirtschaftlichen Strudel des ausgehenden 19. Jahrhunderts vom Konkurs ereilt und zu Boden gestreckt wird. Ein Schicksal von Berliner Format: Ein Eisenbahnkönig im märkischen Staub ...

Doch ist dies eine andere Geschichte.

Wir aber erleben den Citizen Strousberg noch auf dem Weg zum Zenit seiner Macht im Jahre 1867. Ein Bürger von Welt und gutem Geschmack. Ein Freund des Fortschritts und erlesener Speisen. Ein Visionär, nicht immer ein Realist.

Bethel Henry Strousberg also liebt das gute Essen – und findet es in Berlin nicht vor. Er kennt die Welt, kennt Wien und Paris, und ihn begeistert der Plan, Berlin mindestens auf gleiches urbanes Niveau zu heben. Überholen ohne einzuholen ... Kurz und gut,

Strousberg, der Eisenbahnkönig, der Wohltäter, der unermeßlich Reiche, erwirbt die Aktien des Markthallen-Projektes und führt den stockenden Bau zu Ende. So ist er, der Bethel Henry Strousberg, ein Gründer von Schrot und Korn, eine Mischung aus Schneider und Fundus, stets anderthalb Schritt über dem Abgrund, doch immer – fast immer – die Kurve kriegend, wagemutig, erfolgreich. Vor Augen und in schöne Worte gekleidet: die Verbesserung der Volkshygiene (die Reinigung der Straßen und der Luft vom Unrat der Wochenmärkte unter freiem Himmel) im Sinn: die kontinuierliche Verbesserung des eigenen leiblichen Wohls – denn Strousberg ist Gourmet. Durchaus legitim und löblich ist dieses Engagement.

Die Markthalle wird also fertiggestellt und am 29. September eingeweiht. Imposante Architektur, Schnickschnack und Schnörkel, Glanz, Glitzer und Gediegenheit. Die Presse lobt. Berlin jubelt. Die Hautevolee schwelgt und feiert. Der erste Berliner Freßtempel ist eröffnet, Vorläufer von KaDeWe und Lafayette.

Leider, so stellt sich schon bald heraus, im Niveau doch etwas zu teuer, vor allem die Standmiete ist fast unerschwinglich für kapitalschwache Kleinhändler, die über Nacht zu Delikatess-Kaufleuten avancieren sollen. Da hilft auch die von Strousberg eigens gegründete Fischereiflotte am Nordseestrand von Geestemünde wenig. Was die Strousbergschen Bahnen nach Berlin bringen sollen, wird schon nach wenigen Wochen in der großen Halle nicht mehr gebraucht. Das Angebot ist unvollkommen, die Stände veröden, die Käufer bleiben aus.

Ach, Berlin! Berliner zu sein, Traditionen und Althergebrachtes zu verinnerlichen, das geht schnell. Weltstädter zu werden, das braucht länger. Das Aus für die Berliner Zentralmarkthalle, kaum ein knappes Jahr nach der rauschenden Eröffnungsfete, ist noch nicht Strousbergs Ende, aber das Ende der Vor-Vorgeschichte unseres Lust- und Musentempels.

Und was wäre noch zu sagen über dieses Ende? Aus der vornehmen Zentralmarkthalle wird ein Lager und eine Sammelstelle für Versorgungsgüter der preußischen Armee. Ein Krieg wird gewonnen ...

Bethel Henry Strousberg stirbt elf Jahre später, am 31. Mai 1884, verarmt, von den feinen Leuten und „guten Freunden" aus besseren Tagen verfemt, verstoßen, vergessen. Bereits im Jahr 1873 aber beginnt ein neuer Abschnitt – und damit die eigentliche Vorgeschichte – des auf morastigen Grund gebauten Palastes.

Der kurze Traum vom Pariser Luxus
Die Geschichte des Friedrichstadtpalastes beginnt 1867 mit dem Bau einer Markthalle. Sie muß nach wenigen Jahren Bankrott anmelden

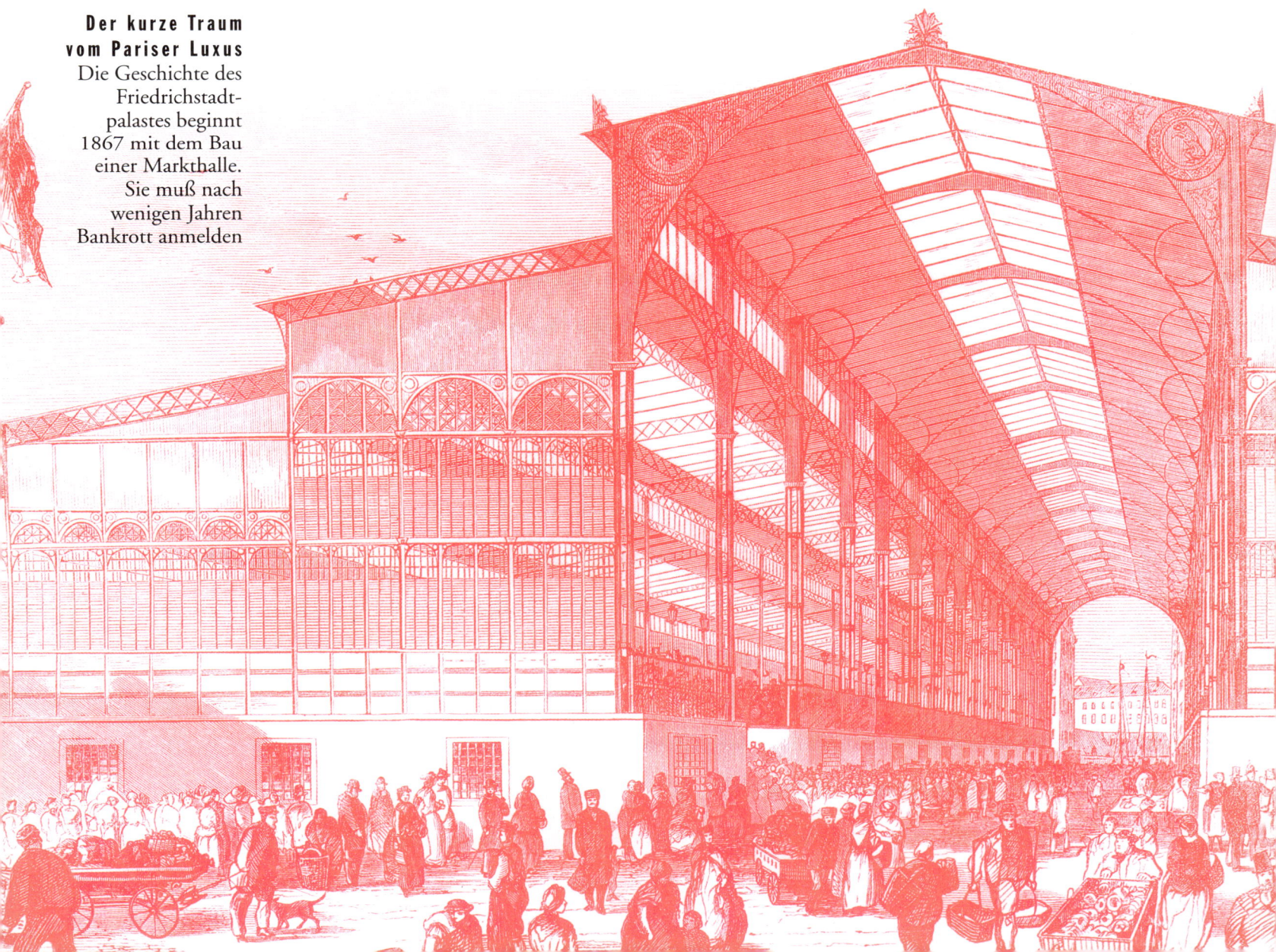

TEIL 2: DER ZIRKUS KOMMT!

Die Berliner schätzen seit eh und je Brot und Spiele. Für das Brot benötigen sie keine Zentralmarkthalle, als Spielstätte jedoch sollte dem Ort eine glänzende Zukunft bevorstehen. Und die beginnt 1873 mit der Verwandlung des ehemaligen Einkaufstempels in eine imposante Zirkusarena. Die Berliner des 19. Jahrhunderts waren also (nicht viel anders als heute) scharf auf jedes Vergnügen – und sie müssen zirkusbesessen gewesen sein. Allein zwischen 1821 und 1867 entstanden in der aufstrebenden Stadt zehn feste Zirkusbauten. Doch keiner gleicht jenem Markthallenzirkus, der in den Weihnachtstagen des Jahres 1873 seine Premiere feiert.

Bis zu 6.000 Plätzen bietet das weite Rund um die Manege des russischen Meisterreiters Albert Salamonsky, der die ausrangierte Halle erworben hat. Und er füllt sie gut, Tag für Tag, ein völlig neues Gefühl an der Karlstraße. Es lag also wohl kaum am ungünstigen Standort und den schlechten Verkehrsanbindungen, daß die Berliner die ihnen vor wenigen Jahren so generös offerierte Zentralmarkthalle nicht nutzten. Der Zirkus jedenfalls boomt. Kein Weg scheint zu weit, die Berliner strömen in Scharen. Dennoch geht Salamonsky nach wenigen Jahren zurück in seine russische Heimat und mehrt fortan dort seinen circensischen Ruhm. An der Karlstraße taucht 1879 ein neuer Name auf: Ernst Jakob Renz, und mit ihm nimmt eine Zirkuslegende ihren Anfang. Innerhalb weniger Monate läßt Renz die sich zum Palast wandelnde Halle von Grund auf nach eigenen Vorstellungen umgestalten, und am 29. November desselben Jahres eröffnet er seinen „Riesenzirkus".

Als er das Haus übernimmt, spielen die Berliner völlig verrückt. Der Riesenzirkus bietet alles, was das vergnügungssüchtige Berliner Herz begehrt, Sensationen aus aller Herren Länder, atemberaubende Artistik und herzerweichende Clowns, edelste Pferdedressuren und ungestüme Raubtiernummern.

Über „den ollen" Renz wird berichtet, er sei zwar kaum des Schreibens kundig gewesen, doch habe er diesen Mangel durch absolute Professionalität im circensischen Geschäft mehr als ausgeglichen.

Renz kannte sein Metier. Er kannte sein Publikum, und er kannte seine Artisten. Sein Anspruch war kein geringer: Weltklasse wollte er bieten. Menschen, Tiere, Sensationen. Renz kannte auch die Preise, die, die zu nehmen waren und die, die zu zahlen waren. Mit si-

Ernst Renz, genannt „der Olle", wurde zum unumstrittenen Berliner Zirkuskönig. Seine Arena war Weltspitze

cherem Instinkt wählte er die richtigen Nummern für seine Programme, vergab die Engagements, die sein Publikum mit jedem Besuch dankbarer und treuer machten.

Selber aber war Vater Renz „mit dem jroßen Schnauzbart" ein wahrer Meister der Pferdedressur. Paula Busch berichtet, er sei auf eine Tonne gestiegen und habe 100 Pferde in der Manege um sich „herumpeesen" lassen. Und „uff den Manegerand liefen janz kleene Ponys mit Affen druff".

So ist es denn auch später geblieben bei den großen Zirkussen dieser Welt: der vornehme Direktor in Frack und Zylinder ließ stets mit lautem Peitschenknall die wohldressierten Rosse traben, dem Anerkennung zollenden Publikum sollte wohl klar werden, über welches Maß an Autorität er in seinem Hause verfügte, und daß nach dem Kaiser er, der Herr Zirkusdirektor, einer der mächtigsten Männer im Staate sei.

Circus Renz – das war Volksvergnügen pur über alle Klassenschranken hinweg, von der Beletage bis zum 2. Hinterhaus. Wer Geld hatte, zahlte für die feinen Plätze, und wer keins hatte, kam auch auf seinen Platz. Wenn er pfiffig war. Schließlich hatte zu den nachmittäglichen Vorstellungen ein Kind unter zehn Jahren in Begleitung Erwachsener freien Eintritt auf allen Plätzen, und manche gewitzte Berliner Göre vom Schlage Paula Buschs verstand daraus ihren Nutzen zu ziehen, auf daß sie an der Seite der besseren Herrschaften kostenlos in den Genuß der Vorstellung kam. Weil: „Een Kind war doch immer frei, und die janz Reichen hab'n gewöhnlich immer keene."

Der Sohn des „ollen Renz" leitet das Unternehmen nach des Vaters Tod im Jahr 1892 bis ins Jahr 1897 hinein, dann übernimmt der Ungar Bolossy Kiralfy das Haus. Seine erste Tat besteht darin, die Bühne wesentlich auszubauen. Fast die Hälfte des

Der König und der Kaiser
Ernst Renz präsentiert sich vor Wilhelm II., Zirkusdirektor Albert Schumann (links), Bolossy Kiralfys „Neues Olympia-Riesentheater", Salamonsky-Plakat

bisherigen Zuschauerraums geht dafür drauf. Im Prinzip bereitet er damit die spätere Nutzung des Friedrichstadtpalastes bereits vor. Sein neuer Amüsierbetrieb erhält den Namen „Neues Olympia-Riesentheater". Ein Mix aus Artistik und Klamauk soll das Publikum anlocken.

Tut dies auch, jedoch nur drei Jahre lang und nicht ganz mit dem erhofften durchschlagenden Erfolg. Dennoch – das Etablissement erlebt noch einmal eine circensische Renaissance.

Auch der neue Leiter, Kunstreiter Albert Schumann, eine Berühmtheit seiner Zeit und ein Ästhet unter der Zirkuskuppel, läßt im Jahr 1900 erneut Umbauarbeiten vornehmen. Schumann führt das Haus mit großem Erfolg in das neue Jahrhundert und leitete es über den Ersten Weltkrieg hinweg bis an die Schwelle der Weimarer Republik.

Doch als das Hurra leiser wird und mit der dämmernden Kriegsniederlage der Untergang des Kaiserreichs folgt, hat auch dieser Abschnitt in der Geschichte des Palastes sein Ende gefunden. Der „Pädagoge der Pferdebeeinflussung", wie ein offizieller Titel Schumanns lautet, streicht die Segel.

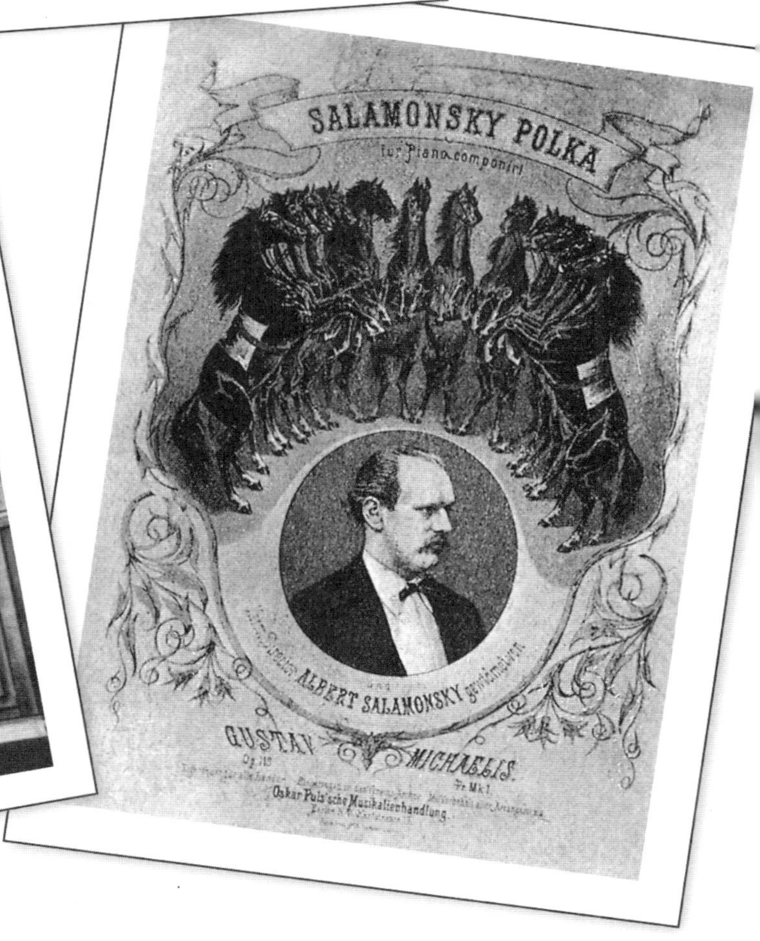

TEIL 3: THEATER, THEATER

Die Theater- oder sollten wir besser sagen: die Bühnenkarriere des Palastes beginnt, wenn man es genau nimmt, bereits im Jahr 1910. Da nämlich inszeniert der damals 38jährige Max Reinhardt im Markthallenzirkus den „König Ödipus". Wie zuvor schon im selben Jahr in der Münchener Musikfesthalle, nutzt Reinhardt die ihm zur Verfügung stehende Großraumbühne für eine Theatergeschichte schreibende Inszenierung des antiken Stoffes. Die Faszination liegt dabei offensichtlich gleichermaßen auf seiten des Publikums wie bei Reinhardt selbst.

Als sich ihm dann 1919 die Möglichkeit bietet, das nunmehr verwaiste Haus zu übernehmen, eröffnet er im ehemaligen Markthallen- und Zirkusbau ganz offiziell das „Deutsche Schauspielhaus". Der Architekt Hans Poelzig baut diesmal das Haus um. Er verwandelt dabei den Saal in eine Art Tropfsteinhöhle.

Manches wird in den folgenden Jahren produziert, darunter „Hamlet" und „Ein Sommernachtstraum". Große Schauspieler wie Heinrich George und Emil Jannings gehören zum darstellenden Personal. Doch Reinhardts genialer Kopf ist wie stets so voller Ideen – da bleibt die vom Riesenvolkstheater antiken Stils nur eine unter vielen. Und weil sich ihm zwischen Salzburg und Hollywood in diesen Jahren auch zahlreiche andere Möglichkeiten bieten, seine großen Ideen zu verwirklichen, gerät ihm das Schauspielhaus an der Karlstraße ein wenig aus dem Blick.

Zumindest eine Reinhardtsche (Gast-)Inszenierung jedoch birgt noch Wegweisendes – für den Palast ebenso wie für die deutsche Bühne allgemein. Es ist eine beinahe revueartige Inszenierung von „Hoffmanns Erzählungen" im Jahr 1931. „In den Absichten Reinhardts lag es wohl", schreibt Alfred Polgar, „ein Theaterwerk herzustellen, das breitestem wie auch sogenanntem besseren Publikum behagen, das Massenabsatz finden und doch hohem Anspruch genügen soll."

Das ist der Wegweiser in die Zukunft – aber keineswegs eine neue Erkenntnis. Denn spätestens mit dem Auftritt Eric Charells 1924 bis 1926 als Direktor des noch immer nicht Friedrichstadtpalast genannten Hauses hat der heiße Ritt über dem Abgrund begonnen, auf dessen einer Seite pure Unterhaltung und auf dessen anderer höchste künstlerische Fertigkeit liegt. Eric Charell ist bereits berühmt, als er nach Berlin kommt. Er gilt als Pionier des modernen, künstleri-

schen Balletts. Friedrich Hollaender schreibt anerkennend über ihn: „Die geheimnisvolle 'Spielhandlung' des alten Balletts, die einzig dem Choreographen bekannt war, ist mit einem Schlag zu Staub geworden. Pas de deux und Entre-chat, Spagat und Pirouette, Position eins und Position zwei – der ganze Krempel verkriecht sich in der Rumpelkammer ... Adé, klassisches Ballett, hier kommt Eric Charell und läßt frische Luft herein."

Charells Revuen, seine Interpretation großstädtischer, und jetzt kann man sagen: weltstädtischer Unterhaltungskultur, entflammt die Berliner. „An alle!" brüllt das Programm in die Stadt, und alle, alle strömen in den Markthallen-Zirkus-Theaterbau, um Claire Waldoff und die Tiller-Girls, wippende Beine und Berliner Schnauze, Flitter und Tam-Tam, Farben, Kostüme, Bewegungen und Musik zum Abheben und zum Selbstvergessen zu genießen.

Was ist Paris? Was ist New York? Berlin! – das ist heute Weltniveau. Die 20er Jahre toben die Bühne hoch und runter, Charell hat alles fest im Griff. Und davon sitzt ein jeder präzise und akkurat, jeder Auftritt auf den Punkt, jeder Einsatz der großen Theatermaschinerie erfolgt sekundengenau.

„Die Revuen von Charell im Schauspielhaus waren die großartigsten von Berlin", erinnert sich Claire Waldoff. „Wunderschöne Frauen, wunderschöne Girls und Boys, internationale Musiken, herrlichste Ausstattung, Orchester und großartige Artistik. Es war im schönsten Sinne eine weltstädtische Show und die ganzen Jahre über ausverkauft." Die Waldoff singt ihre berühmten Lieder „Hermann" und „Warum soll er nicht mit ihr vor der Türe steh'n", und sie tritt in einer Panoptikums-Szene als „Halb-Mann", „Halb-Frau" auf. Die Zuschauer kommen aus dem Staunen und Jubeln gar nicht mehr heraus. Can-Can und Jitterbug, Marlene Dietrich lugt aus den Kulissen, Cordy Milowitsch, Wilhelm Bendow, Hans Wassmann, Julius Fuß, Albert Kutzner – große Namen, große Künstler. Massen bevölkern die weite Bühne, imposante Dekorationen, Kleider, die die Welt noch nicht gesehen hat, Freude für die Augen, Lust für alle Sinne, alles gerät in Ekstase, der Rausch der Zwanziger Jahre ergreift das Publikum, für kurze Stunden vergessen sind Niederlage und Depression, weit weg ist der graue Winterhimmel über Berlin.

Eric Charell der Magier, der Verzauberer der Stadt.

Mitten in den Stalaktiten
Hans Poelzigs Theaterinnenraum erinnert an eine Tropfsteinhöhle. Rechts: Reinhardts „König Ödipus"

Max Reinhardt träumte vom antiken Riesen-Volkstheater und kam ihm im „Großen Schauspielhaus" ganz nahe

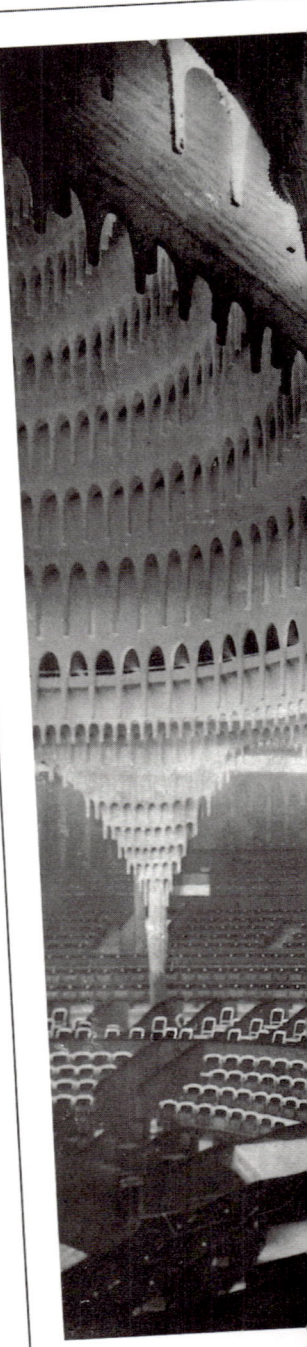

Die Erfindung der modernen Revue
Eric Charell ließ nicht nur die Puppen tanzen. Oben: die Tiller-Girls

Und doch verläßt er sie früh. Im Herbst 1926 ist alles vorbei, die Ära Charell kommt unter den Hammer. Der Meister selbst sucht in Paris nach neuen Herausforderungen. In Berlin aber hat er Spuren hinterlassen, Anstöße gegeben. Die goldenen Zwanziger – das waren auch und vor allem die Jahre Charells.

Auf der großen Bühne bleibt die große Show, das große Theater zu Hause. Unvergessen Erwin Piscators politische Zeitgeist-Inszenierung „Trotz alledem", bahnweisend die revueartigen Operetteninszenierungen vom „Weißen Rössel" über „Wie einst im Mai" bis zur „Lustigen Witwe" – stets findet die Berliner Volksseele hier ihren Platz, um sich auszutoben.

Und der Friedrichstadtpalast, als er endlich seinen Namen trägt, ist stolz auf diesen einen großen Künstler, der gemeinsam mit so vielen anderen Großen Geschichte geschrieben hat auf dieser Bühne: „Wir sind das Haus, an dem Eric Charell die moderne Revue erfand".

Wolfgang Albrecht lebt als freier Journalist und Verleger in Wandlitz bei Berlin

175

Rauschende Revuen,
stimmgewaltige Stars,
atemberaubende Artisten –
im Spiegel der Presse
läßt Roland Welke die
Übergangsjahre vom
alten zum neuen
Friedrichstadtpalast
Revue passieren

UND ALLE GROSSEN NAMEN KAMEN

Die Wende von den zwanziger zu den dreißiger Jahren und die Schatten des heraufdämmernden „tausendjährigen Reiches" waren am Friedrichstadtpalast kaum zu spüren. Bergauf, bergab und wieder bergauf – atemberaubende Revuen, großartiges Theater – das Haus machte weiterhin Schlagzeilen. Stillstand jedenfalls gab es auch damals nicht. Die letzte Inszenierung Erik Charells am Großen Schauspielhaus gerät noch einmal zum sensationellen Erfolg. Am 8. November 1930 uraufgeführt, tritt das „Weiße Rössl" von hier aus seinen Siegeszug um die Welt an. Im „Berliner Tageblatt" vom 10. November 1930 liest man:

Muss noch von Steigerungen gesprochen werden? Aber es gibt einen Gipfel des freudigen Theaters. Wenn im Kuhstall, mit künstlich komischen Kühen sogar, sich plötzlich die Saxophonisten placieren und von allen Ecken her Girlkolonnen in die Szene marschieren, alles strahlend in Blau. Das ist wie ein Rausch aus Farbe, Licht, Bewegung. Die Scheinwerfer rasen über ein Bild, das man gern zweimal sähe; so erregend ist es in seiner tänzerischen Komposition, so fabelhaft im zwingenden Takt der Girls. Der Tanzmeister heisst Max Rivers. Dazu wird gesungen: „Die ganze Welt ist himmelblau." Das ganze Parkett ist es auch.

Auch Reinhardt kehrt 1931 noch einmal für ein Jahr zurück, bevor 1932 die Brüder Fritz und Alfred Rotter das Große Schauspielhaus ihrem Konzern angliedern. Noch vor der Machtübernahme der Nationalsozialisten bricht der Rotter-Konzern jedoch zusammen. Die Rotters fliehen nach Liechtenstein und das Große Schauspielhaus wird 1933 zum „Theater des Volkes". Hier steht zunächst die neue „artgemäße" Kunst auf dem Spielplan. Nach deren Mißerfolg greift die Intendanz des Hauses auf die Operette zurück. Die „Saison in Salzburg" erlebt im „Theater des Volkes" 1938 ihre Uraufführung und Paul Lincke eine Renaissance. „Frau Luna" wird vierhundertmal vor ausverkauftem Haus gezeigt.
Nach dem Namen wird dem ehemaligen Großen Schauspielhaus auch noch das architektonische Profil genommen. Als entartete Kunst verdammt, reißt man 1938 die Kuppel und die Stalaktiten des Saales ab. Einzig in den Foyers und den Umgängen bleibt die Poelzigsche Architektur erhalten.
Kurz vor seiner Schließung im „totalen Krieg" probt das Haus schon einmal seine spätere Bestimmung. Für die Dreharbeiten des Films „Akrobat schö-ö-ö-n" wandelt es sich für einige Wochen zum Varieté. Star des Films ist einer der ganz Großen des internationalen Varietés, Charlie Rivel.
Im März 1945 wird bei einem Luftangriff das Bühnenhaus fast völlig zerstört. Doch die Unterbrechung des Spielbetriebs ist kurz, denn es gilt der Satz „The show must go on". Die „Berliner Zeitung" vom 1. Juni 1945 schreibt:

Das „Theater des Volkes" wird mit Hochdruck renoviert und, wie man hofft, zum 1. Juli spielfertig.

Etwas länger müssen sich die Berliner jedoch noch gedulden. Am 17. August 1945 gibt es die erste Vorstellung im „Palast-Varieté", wie die neue Leiterin Marion Spadoni, eine Großnichte des früheren Zirkusdirektors Schumann, das Haus von nun an nennt. Artistische Nummernprogramme mit Balletteinlage stehen auf dem Programm. Sieben Tage in der Woche wird gespielt, der monatliche Programmwechsel muß ohne einen Schließtag auskommen.
Es ist Hochsommer und das Publikum kann leicht bekleidet im großen Saal sitzen. Erst in den Wintermonaten wird ein großes Problem offenbar. Der große Saal ist nicht beheizbar. Aber man sitzt wenigstens trocken. Über dem Parkett deckt ein Fallschirm das Loch in der Kuppel ab. Gespielt wird vor dem eisernen Vorhang, dahinter liegt das noch zerstörte Bühnenhaus.
Im Sommer 1947 wird Marion Spadoni die Lizenz zum Spielbetrieb entzogen. Als Grund gibt die sowjetische Stadtkommandantur ihr Engagement während der Nazizeit an. Das eigentliche Ziel hinter diesem Vorwand dürfte aber wohl das privatwirtschaftliche Konzept des Varietés gewesen sein.

Evergreen zu allen Zeiten
Premiere mit Charell 1930, letzte Aufführung im alten Haus 1982: „Im weißen Rössl"

Brot und Spiele für die Volksgenossen
Programmheft des „Theaters des Volkes" aus den 30er Jahren

Große Stars für kleine Leute
Kinderrevue mit Clown Ferdinand und Ellen Tiedtke als Hexe Baba-Jaga

Zum Ende des Jahres 1947 übernimmt der Magistrat von Berlin das Haus. Mit einem neuen Direktor, dem Italiener Nicola Lupo, kommt auch ein neuer Name, „Friedrichstadtpalast".
Lupo übernimmt zunächst das Schema des artistischen Nummernprogramms mit Ballettbild. Jedoch werden die Tanzbilder aufwendiger. Star dieser mittlerweile als Revuebilder bezeichneten Inszenierungen ist Valivia, die schon in den dreißiger Jahren in der Berliner Varietészene bejubelt wurde.
Im Sommer 1949 wird das Bühnenhaus wieder hergestellt. Somit steht endlich die gesamte Bühne für die größer und aufwendiger werdenden Inszenierungen zur Verfügung. Der „Vorwärts" vom 27. Juli berichtet:

Die umfassende Überholung des Friedrichstadtpalastes wird bis Ende August abgeschlossen sein. Die Schäden im Zuschauerraum und an der Kuppel sind beseitigt. Die Decke des Zuschauerraums wird augenblicklich von Prof. Heuser mit einem Gemälde versehen. Anfang September soll eine große Varieté-Revue das Gebäude wiedereröffnen.

Ab Sommer 1954 wird Gottfried Herrmann die Geschicke des Hauses an der Spree leiten. „Einmal am Rhein" ist sein erster Versuch, ganzheitliche Revueprogramme mit einem „roten Faden" zu gestalten. Darüber urteilt die „National-Zeitung" am 20. Oktober:

Der Rheindampfer im Friedrichstadtpalast hat seine Anker nicht nur auf der Bühne, sondern auch im Herzen der Berliner geworfen. Gottfried Herrmann (Idee und Regie) wollte von dem traditionellen Nummern-Varieté loskommen und

hat diesen artistischen Reigen im Oktober unter dem Motto „Einmal am Rhein" in einen Rahmen gefügt. Das ist ihm gelungen.

Doch Herrmann verabschiedet sich nicht völlig vom Nummernprogramm. Auch diese haben nach wie vor einen festen Platz im Spielplan zwischen den großen Revueproduktionen und werden ebenso ernst genommen. Zur wohl erfolgreichsten Revue unter Herrmanns Direktion wird 1956 „Kinder, wie die Zeit vergeht!" Die „National-Zeitung" vom 11. August 1956 schreibt:

Großartig ist die neue Palast-Revue, einfach großartig. Sie ruft Erinnerungen wach, Erinnerungen an die Glanzzeiten des Varietés, Erinnerungen auch an die 1000 Jahre, die nur zwölf Jahre dauerten. Sie führt in Musco's Elite-Etablissement, ins Apollo-Theater, in den Wintergarten, in die Scala und schließlich in den Friedrichstadtpalast, der heute ebenso wie seine Vorgänger zum Treffpunkt der Artisten aus aller Welt geworden ist.

Es sind jedoch nicht nur die Revuen alleine, die mittlerweile das Profil des Friedrichstadtpalastes bestimmen. Es sind auch die Gastspiele berühmter Stars und Ensembles, die dem Haus Renommée verleihen und bestätigen. Im November 1956 gastiert der Moskauer Staatszirkus im Palast. Owohl es der Presse damals schwer fiel, unter den ganzen Spitzendarbietungen eine herauszuheben, schaffte einer es, von allen beachtet zu werden, der Clown Oleg Popow. So schreibt die „Berliner Zeitung" am 8. November:

Popow braucht bloß zu lachen, ein Auge zuzu-

kneifen oder beleidigt Schippe zu ziehen, und die Zuschauer sind hingerissen. Was macht Popow? Er parodiert das Programm. Kaum ist die Ballerina auf dem Drahtseil zu Ende, erscheint Popow, borgt sich den Fächer aus und gibt seine Sondervorstellung.

Nicht nur für Erwachsene ist der Friedrichstadtpalast eine erste Adresse für exzellente Unterhaltung. Bereits im Dezember 1945 gibt es das erste Kindervarieté und 1956 holt Gottfried Herrmann einen Clown an die Spree, der schnell zum Star der Kinder wird, Clown Ferdinand aus Prag. Bis 1983 wird Clown Ferdinand in den Kinderrevuen die kleinen Gäste des Hauses begeistern.

Im Oktober 1961 tritt Wolfgang E. Struck die Nachfolge Gottfried Herrmanns an. Als Direktor des Revuetheaters führt er sich mit der Revue „Das hat Berlin schon mal gesehen" ein. Struck will auch neue Wege beschreiten, und so taucht 1963 zum ersten Mal das Wort „Palastical" im Spielplan auf. Struck wollte zwei Unterhaltungsgenres, das Musical und die palasttypische Revueform, miteinander verbinden. Die Erwartungshaltung des Publikums und akustische Grenzen des Saales setzten dem Palastical mit seiner breit angelegten Fabel Grenzen. Schlagzeilen machen aber auch ganz andere Veranstaltungen. So berichtet die „National-Zeitung" am 7. Januar 1965:

Zu den „Bonbons", die der Friedrichstadtpalast in diesem Jahr seinen Besuchern servieren will, gehört der Auftritt der französischen Chansonette Juliette Greco am 4. und 5. Februar.

Was unter Herrmann begann, setzt sich in der Ära Struck fort. Die eigenen Revueproduktionen wechseln mit den Gastspielen internationaler Stars und Ensembles ab. Auftritte renommierter Ensembles, wie der Laterna magica, der Pariser Eisrevue oder des Kirow-Balletts, und vor allem große internationale Stars, wirken als Publikumsmagneten. Ob Ella Fitzgerald oder Juliette Greco, Gilbert Becaud oder Louis Armstrong – die Gästeliste liest sich mittlerweile wie das „Who is

Who" des internationalen Showbusiness. Die „Tribüne" vom 22. März 1965 berichtet:

Die Berliner im Parkett und auf den Rängen applaudierten rasend dem sagenhaften König des Jazz, wenn er zur Trompete griff oder ans Mikrophon trat und „Mackie Messer" sang; sie saßen mucksmäuschenstill, wenn einer der fünf männlichen „Stars" oder die attraktive Sängerin Juve Brown ein leidenschaftliches Solo gab oder mit virtuosem „Alleingang" glänzte. Schließlich assistierte das hingerissene Publikum den sieben Künstlern, als es bei Armstrongs erfolgreichem Schlager „Hallo Dolly" mitklatschte.

1956 nahm mit Josephine Baker eine Legende Abschied von der Bühne. Doch sie kehrt zurück. Vier Jahrzehnte liegen zwischen ihrem Auftritt mit Bananenröckchen im Theater des Westens und dem Gastspiel mit großer Robe im Friedrichstadtpalast.
Im November 1968 kommt Josephine Baker noch einmal nach Berlin. Überschwenglich reagiert ein Journalist in der Zeitschrift „Unterhaltungskunst":

Ich kann mir kaum vorstellen, daß sie mit 42 viel besser war. Jetzt ist sie immerhin 62. Ihre Kondition, stimmlich wie körperlich – erstaunlich, der Federbusch auf ihrem Haar wippte furios, die Elastizität ihres Körpers dürfte allen schlaksigen Twens als Vorbild dienen.

Plötzlich tauchen beim Palast Risse in den Wänden auf, Brandschutztüren verziehen sich über Nacht so stark, daß sie nur noch mit einer Brechstange geöffnet werden können. Das Wort „Baufälligkeit" macht die Runde. Drei Jahre bevor das Aus kommen soll, erhält der große Saal noch einmal eine neue Bestuhlung und eine neue Belüftung, so daß er erstmalig in der Geschichte beheizbar ist. Aber am 29. Februar 1980 meldet ADN:

Im Friedrichstadtpalast können ab 1. März 1980 keine Vorstellungen mehr stattfinden. Der Ma-

Besuch der schwarzen Dame
Juliette Greco, 1966 im Friedrichstadtpalast

REVUE DER JUNGEN HERZEN

Theaterträume sind keine Privilegien der Erwachsenenwelt. Juliane Heinemann war acht Jahre lang Mitglied der Kinderrevue des Friedrichstadtpalastes. Sie kennt das Wuseln und Fiebern hinter und auf der Bühne

„... wünsche ich euch toi, toi, toi zur Premiere und bedanke mich bei allen für die fleißige Arbeit der letzten Monate" – die guten Wünsche des Intendanten gehören zum Ritual einer jeden Premiere, und keiner möchte sie missen.

Ein Novembertag um zehn Uhr in der Frühe. Vorweihnachtlicher Duft in der großen Stadt Berlin. Hunderte erwartungsvoller Kinder schieben und drängen sich zum Haupteingang des Friedrichstadtpalastes hinauf, ihre entnervten Eltern hinterdrein. Hinter den Kulissen wuselt es aufgeregt hin und her.

Auf dem Programm steht die Premiere der Kinderrevue „Hänsel und Gretel", frei nach der Märchenoper von Engelbert Humperdinck. Passend zur Winterzeit soll es dem Kinderensemble gelingen, kleinen und großen Zuschauern das leidvolle und abenteuerliche Schicksal Hänsels und Gretels im tiefen Märchenwald unter die Haut zu bringen. Hier, hinter dem Vorhang und in den Kulissen, ist die Spannung an diesem Tag auf dem Höhepunkt angekommen. Wie wird das Publikum reagieren? Erfolg oder Mißerfolg monatelanger Proben stehen auf dem Spiel, das weiß selbst der kleinste Darsteller.

Während sich im Saal allmählich die Ränge füllen und der große Vorbühnenvorhang noch die Wunderwelt Theaterbühne verbirgt, herrscht auf der Bühne hektisches Chaos.

Nicht weniger als 200 Jungen und Mädchen zwischen sechs und siebzehn Jahren, betreut von etlichen Maskenbildnern, Ankleidern und erwachsenen Helfern, bilden in ihren bunten Kostümen ein schillerndes Wirrwarr.

„Mein einer Schuh ist weg!" – „Ich find' mein Kostüm nicht!" – „Wo ist Olli?" – „Ich glaub', ich habe meinen Text vergessen!" – und dann: Professionalität, die den Zuschauer begeistert und Regisseure ins Schwärmen kommen läßt.

Das ganze Jahr über hat sich das Ensemble einem regulären Training zu stellen. Dabei wird es in zwei Bereiche unterteilt. Rund dreiviertel aller Beteiligten werden im Ballett und modernen Tanz ausgebildet, die sogenannten „Balletties", und das übrige Viertel, die „Sprecher" erhalten Schauspielunterricht. Trainiert wird zweimal wöchentlich in kleinen Gruppen unterschiedlicher Altersstufen.

Meist im März oder April beginnen die eigentlichen Proben für das jeweilige Stück, welches dann rund um die Weihnachtszeit aufgeführt werden soll.

In der Phase der Rollenverteilung rauchen den Choreographen Hannelore Arenkens und Christina Tarelkin gehörig die Köpfe, da sie alle Stärken und Schwächen ihrer kleinen Schüler kennen müssen, um die Rollen passend besetzen zu können. Sogar unter den Kleinsten ist ein gewisser Hauch von Konkurrenz zu spüren, und Soloaufgaben sind besonders be-

gehrt. Schließlich möchte ja jede kleine Ballerina den glitzernden Sonnenstrahl tanzen.

Und unsere „Sprecher" bekommen wie erwachsene Schauspieler Skripte in die Hand gedrückt und werden einzeln vom Regisseur unter die Lupe genommen. Geprobt wird nun Tanz für Tanz, Bild für Bild, Rolle für Rolle. Gelerntes will wiederholt, Wiederholtes verändert oder ganz neu gestaltet werden. Um den ausgearbeiteten Probenplan durchziehen zu können, ist äußerste Disziplin und Zuverlässigkeit der Kinder erforderlich. Nur wer gespitzte Aufmerksamkeit zeigt, darf mitmachen. Das ist nach einem strapaziösen Schultag manchmal besonders schwer.

Doch wem die Revuen ans Herz wachsen, der verbindet seine wunderbaren Kindheitserinnerungen mit diesem Haus. Das Gemeinschaftsgefühl von 200 Kindern bei der Vorstellung ist unsagbar groß und setzt sich im Kopf unvergeßlich fest.

Wenn man zum Teenager herangewachsen und das Ein- und Ausgehen in Europas größtem Revuetheater gerade zur Routine geworden ist, fällt es um so schwerer, Abschied nehmen zu müssen. Die „Zu"-Großen müssen raus, die Kleinen rücken nach, dieser Kreislauf bestimmt das Leben im Ensemble. Jeder Abschied ist eine kleine persönliche Tragödie, über die man oft nur tränenreich hinwegkommt.

Wochen, Monate intensiven Probens vergehen, und sobald man zu ersten Kostümproben gerufen wird, ist der Endspurt deutlich zu spüren.

Die Premiere rückt näher, das Wetter wird kälter, und auch die Erwachsenen werden immer hektischer. Nur unser Regisseur Prof. Fischer behält den Überblick und einen klaren Kopf.

Und ehe man sich versieht, steht der entscheidende Tag vor der Tür, und die ersten erwartungsvollen Zuschauer werden von den Einlassern auf ihre Plätze gewiesen (dazu gehören auch unsere Eltern, Freunde und Verwandten).

Sobald sich zwischen den Stuhlreihen das Gemurmel und Gebrabbel verstärkt, wird es stiller hinter der Bühne. Vom Lampenfieber geplagt und vor Aufregung gelähmt, versucht sich jeder einzelne auf das zu konzentrieren, was in wenigen Minuten von ihm erwartet wird.

Noch trennt der Vorhang die Welt des Zuschauers von der Welt der Bühne. Noch ist das Gekichere und Gegackere im Zuschauerraum laut – und Hänsel, Gretel und ihren Freunden himmelangst.

Der Inspizient gibt das Zeichen!

Das Licht verdunkelt sich, die Musik setzt ein. Der Vorhang hebt sich langsam, festlich. Das Herz pocht bis zum Hals, die Augen werden groß, die Bühne wird zum Märchenwald. Und schon bald ist die Aufregung vergessen, sind wir Solisten – und doch ein Team, und ein jeder in diesem Haus ist Teil des großen Märchenspiels.

Die Schauspielerin Juliane Heinemann spielte von 1994 bis 1996 am Friedrichstadtpalast im Märchen von Hänsel und Gretel den Hänsel

gistrat von Berlin hat im Interesse der öffentlichen Sicherheit eine entsprechende Festlegung getroffen.

Zum Schluß der Abschiedsvorstellung der „Seekiste" am 29. Februar 1980 versammelt sich das gesamte Ensemble auf der Bühne, die Zuschauer erheben sich von ihren Plätzen. In den letzten Applaus schiebt sich der letzte Vorhang.

Nach einiger Zeit fällt die Entscheidung: auf dem Gelände Friedrichstraße 107 soll der neue Friedrichstadtpalast entstehen. Am 26. Juni 1981 findet die Grundsteinlegung für das neue Haus statt. In der Zwischenzeit geht die Show außer Haus weiter, im Metropol-Theater, im Palast der Republik, in Magdeburg, in Karl-Marx-Stadt oder auf Gastspielreise in Polen und der Sowjetunion. Wolfgang E. Struck hält das Ensemble zusammen.

Am 27. April 1984 wird der neue Friedrichstadtpalast mit der Revue „Premiere: Friedrichstraße 107" eröffnet. Es ist ein Palast der Superlative. Mit einer Portalbreite von 24 Metern und einer Tiefe von 52 Metern besitzt das Revuetheater die größte europäische „Guckkastenbühne". Der „Spiegel" schreibt 1984:

Was das alles gekostet hat und weiterhin kosten wird, ist Staatsgeheimnis. Die Frage westlicher Korrespondenten nach der Bausumme — und damit nach den vermutlich höchsten Kubikmeterpreisen der DDR — erfährt knappe Antwort: „Die Schlußrechnung liegt noch nicht vor."

Ob die Gesamtrechnung aufgeht? Der allerletzte Satz des Conférenciers, gleichsam das Resümee der Revue, lautet: „Es macht Spaß, DDR-Bürger zu sein."

Auch der neue Palast wird wieder ein Theater für die Kinder sein. „Der Wasserkristall" ist die erste Kinderrevue in der Friedrichstraße 107 und der Beginn einer Trilogie, die in den nächsten Jahren die Kinder begeistert.

Ein Jahr nach der Eröffnung des neuen Hauses beginnt der Abriß des alten Friedrichstadtpalastes Am Zirkus 1. Nach über 100 Jahren verschwindet ein Stück Theater- und Architekturgeschichte aus dem Berliner Stadtbild.

Unterdessen hat der neue Friedrichstadtpalast nahtlos an die Popularität des alten Hauses anknüpfen können. Die Revuen „Varieté, Varieté", „Hereinspaziert", „Revuezirkus", „Hallo, Berlin 7-5-0" und „Traumvisionen" laufen allabendlich vor ausverkauftem Haus. Im Herbst 1988 verläßt Wolfgang E. Struck den Friedrichstadtpalast. Sein Nachfolger als Intendant wird Reinhold Stövesand. Dieser sieht sich nach nur einem Jahr mit den enormen Veränderungen der Wende konfrontiert. Die Zuschauerzahlen sinken und die Kürzung der Zuwendungen bedroht den Spielbetrieb. Stövesand geht 1990, Interimsintendant wird der bisherige Musikdramaturg des Hauses Hans-Gerald Otto.

Trotz gekürzter Zuwendungen, Personalabbaus und drohender Abwicklung versucht der Palast, mit den Revuen „Kiek ma an", „Wie ein Vogel schwerelos" und „City Lights" seine Tradition fortzusetzen.

Als mit dem neuen Intendanten Julian Herrey ein neues Produktionsmodell, ähnlich dem einer Stadthalle, und ein amerikanisiertes künstlerisches Profil installiert werden soll, bleibt das Publikum aus. Der Palast befindet sich in einer rasanten Talfahrt. Der Senat zieht schließlich die Notbremse, bevor es zu spät ist. Er setzt zum 1. Oktober 1993 den ehemaligen Chefdramaturgen des Palastes, Alexander Iljinskij, als Intendanten ein. Darüber berichtet die „Berliner Morgenpost" am 2. Oktober:

„Der Friedrichstadtpalast gehört zu Berlin, und er gehört den Berlinern". Mit diesem Bekenntnis trat gestern der neue Chef von Europas größtem Revuetheater Alexander „Sascha" Iljinskij sein Amt als Nachfolger des erfolglosen Julian Herrey an.

Aufgabe Iljinskijs ist es, den Friedrichstadtpalast in eine neue Betriebsform zu überführen und das Publikum in das Haus zurückzuholen. Zum 1. Januar 1995 wird die landeseigene GmbH gegründet. Die stetig steigenden Zuschauerzahlen der Produktionen „Classics", „Sterne", „Cinema" und „Joker" bestätigen Iljinskijs Konzept der Verbindung von klassischer Revue und moderner Show.

Im Dezember 1996 wird auf der großen Bühne des Friedrichstadtpalastes Weihnachtsstimmung verbreitet. Eine Woche lang läuft erstmalig „Jingle Bells", die Weihnachtsrevue. Nach anfänglichem Zögern des Publikums, etabliert sich die Revue im zweiten Jahr und ist eine willkommene Bereicherung des Spielplans zwischen den großen unverwechselbaren Revueproduktionen. Der Erfolg ist in den Friedrichstadtpalast zurückgekehrt. Mit ihm und der Mischung aus Tradition und Zeitgeist geht der Friedrichstadtpalast in das neue Jahrhundert.

Und ewig springen die Wässer
Finale aus „Premiere: Friedrichstraße 107", 1984 im neuen Haus

Roland Welke ist Dramaturgieassistent am Friedrichstadtpalast

PROBIEREN UND: APPLAUDIEREN!

Das Probe-Abonnement – 14 Tage, kostenlos und unverbindlich.
Jetzt anrufen und bestellen: 030/198 12.
Wir sind täglich von 8 bis 20 Uhr für Sie da.

EINFACH MEHR WISSEN

IMPRESSUM

Idee und Konzept:

Rolf Hosfeld

Redaktion:

Wolfgang Albrecht

Rolf Hosfeld

Fotografie:

Jim Rakete

Gestaltung:

Rainer Wörtmann

Verlag:

© 1999

Helmut Metz Verlag

Corporate Publications

Andreasstr. 31

22301 Hamburg

Bildnachweis:

Alle Fotos in diesem Buch
stammen von Jim Rakete
außer:
S. 18 (o.) AKG, (u.) bpk;
S. 19 (l.) FSP, (r.) bpk;
S. 20 (o.) AKG, (u.) AKG;
S. 22 (l.) AKG, (r.o.) UB,
(u.) UB; S. 58/59 AKG;
S. 138/139 FSP; S. 170 AKG;
S. 171 UB; S. 172 (o.) FSP,
(u.) FSP; S. 173 (o.) UB, (u.l.)
FSP, (u.r.) FSP; S. 174 (o.)
FSP; S. 174/175 (m.) UB;
S. 175 (o.) UB, (m.) bpk, (u.)
FSP; S. 178 FSP; S. 179 FSP;
S. 181 FSP; S. 183 FSP
Abkürzungen: o. = oben, m. =
Mitte, u. = unten, l. = links, r. =
rechts. AKG = Archiv für Kunst
und Geschichte, Berlin, bpk =
bildarchiv preußischer kultur-
besitz, Berlin, FSP = Friedrich-
stadtpalast, Berlin UB = Ullstein
Bilderdienst, Berlin

Litho und Druck:

Sebald Sachsendruck, Plauen

Papier:

Mattes, holzfreies, weißes Off-
setpapier NOPA-SET (TCF)
der Firma Nordland Papier AG

ISBN:

3–9805563–3–6